罗港纳希传

刘文艳 赖炳文 著

辽宁大学出版社

图书在版编目（CIP）数据

尹湛纳希传/刘文艳，赖炳文著. 一沈阳：辽宁
大学出版社，2017.10
ISBN 978-7-5610-8833-3

Ⅰ.①尹… Ⅱ.①刘…②赖… Ⅲ.①尹湛纳希
(1837-1892)一传记 Ⅳ.①K825.6

中国版本图书馆 CIP 数据核字（2017）第 264964 号

尹湛纳希传

YINZHANNAXI ZHUAN

出　版　者：辽宁大学出版社有限责任公司
　　　　　　（地址：沈阳市皇姑区崇山中路 66 号　　邮政编码：110036）
印　刷　者：朝阳铁路印务有限公司
发　行　者：辽宁大学出版社有限责任公司
幅面尺寸：170mm×240mm
印　　张：10
字　　数：150 千字
出版时间：2017 年 10 月第 1 版
印刷时间：2018 年 1 月第 1 次印刷
责任编辑：崔利波
封面设计：韩　实
责任校对：金　山

书　　号：ISBN 978-7-5610-8833-3
定　　价：58.00 元

联系电话：024-86864613
邮购热线：024-86830665
网　　址：http://press.lnu.edu.cn
电子邮件：lnupress@vip.163.com

尹湛纳希塑像

尹湛纳希故居忠信府遗址（1981年摄）

大凌河在忠信府前流过

忠信府遗物——细瓷壶、盘

忠信府遗物——石枕

尹湛纳希幼年时代的玩具——铜虎

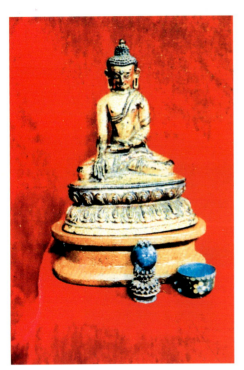

尹湛纳希祖先遗物——镀金释迦牟尼

尹湛纳希的茶具

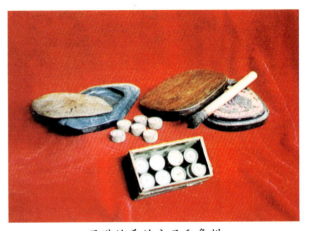

尹湛纳希的文具和象棋

尹湛纳希用过的用品及护身佛"绿度母"

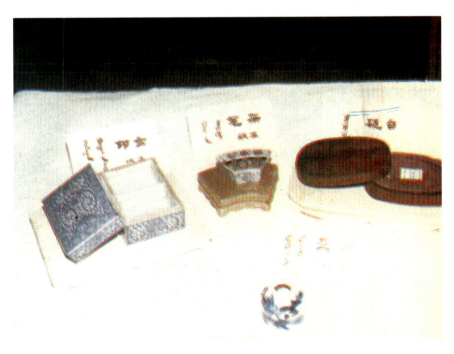

尹湛纳希用过的文具

尹湛纳希读过的书籍、用过的砚台

尹湛纳希用过的茶具、餐具及木饭盒

诚信府遗址（1956年摄）

锦州市药王庙（尹湛纳希1892年2月25日病逝于此）

忠信府院内的龙泉井

忠信府遗物——石墩

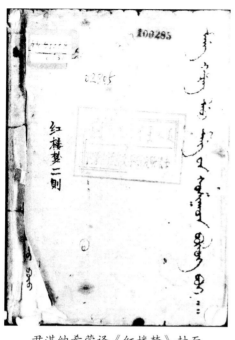

尹湛纳希蒙译《红楼梦》封面　　　　尹湛纳希蒙译《红楼梦》手迹

尹湛纳希的杂文《石枕》手迹　　　　尹湛纳希蒙译《中庸》手迹

《青史演义》第四十四回手迹

尹湛纳希手迹——有关《一层楼》
《泣红亭》《红云泪》的札记

尹湛纳希蒙译《中庸》手迹

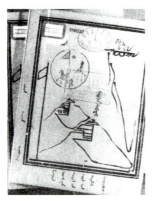

1939年石印版《青史演义》之一页

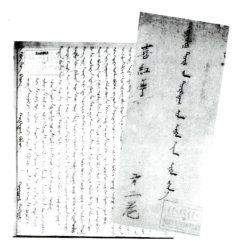

尹湛纳希手迹《家谱》

《一层楼》部分章节

《泣红亭》（1878年手抄本）

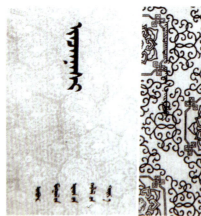

额尔敦陶克陶研究尹湛纳希生平和著作的三部作品封面

中华人民共和国成立后整理出版的尹湛纳希著作

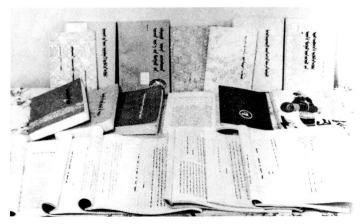

国内出版的尹湛纳希研究文章和专著

新近发现的《青史演义》手稿

尹湛纳希(1837—1892) 蒙古族作家。汉名宝衡山,字润庭。土默特左翼旗(今辽宁省朝阳县东北)人。用蒙文著有《一层楼》、《泣红亭》两部描写蒙古封建贵族家庭的章回小说,并继其父遗稿撰写了史论体著作《大元勃兴青史演义》,叙述成吉思汗建国以来的历史故事。

1979年版《辞海》对尹湛纳希的评价

尹湛纳希手迹（北京圆明园即景）

尹湛纳希创作的《梅雀图》

尹湛纳希手迹（风景素描）

尹湛纳希生活组画（自幼勤奋好学）

尹湛纳希生活组画（兄弟四人研究学问）

尹湛纳希生活组画（在多伦黄寺庙会上）

尹湛纳希生活组画（接触社会下层）

尹湛纳希生活组画（给农民画像）

尹湛纳希父亲著名文学家、史
学家旺钦巴勒画像（妥木斯作）

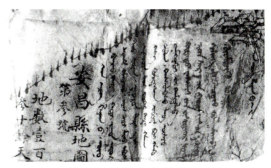

旺钦巴勒手迹（安昌县地图）

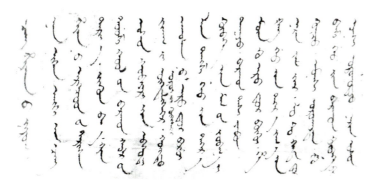

旺钦巴勒手迹

鸦片战争中旺钦巴勒率领蒙古骑兵痛击英国侵略军（韩金宝作）

旺钦巴勒凯旋归来（韩金宝作）

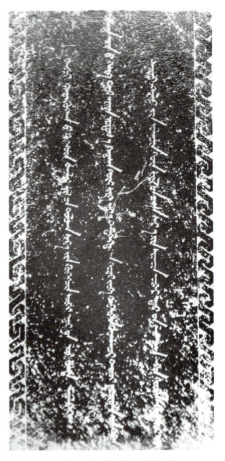

旺钦巴勒和他两位夫人的墓碑（左为旺钦巴勒继室——尹湛纳希的母亲满优什姊墓碑）

旺钦巴勒墓碑（局部）

满优什姊墓碑（局部）　　旺钦巴勒元配嵩吉拉姆墓碑（局部）

旺钦巴勒参加鸦片战
争时期用过的头盔

旺钦巴勒的顶戴和扳指

尹湛纳希的大哥古拉兰萨是
一位爱国诗人（妥木斯作）

古拉兰萨手迹

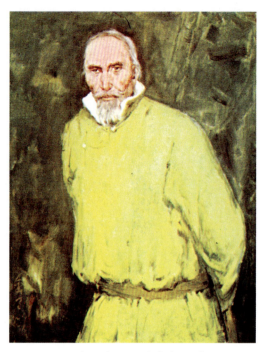

尹湛纳希的五哥贡纳楚克
是一位作家（金高作）

尹湛纳希的六哥嵩威丹精
也是一位作家（金高作）

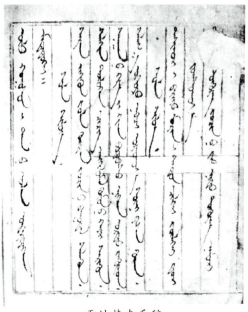

贡纳楚克手稿

嵩威丹精手迹

惠宁寺正殿画廊一角

惠宁寺正殿方柱仰视

惠宁寺正殿（中华人民共和国成立前摄）

惠宁寺四方殿壁画（中坐者为哈木嘎巴雅斯古郎图，他曾三次扩建惠宁寺）

北票下府惠宁寺千年古柏迁移场面（闫海青摄）

迁建后的北票下府惠宁寺正门

我国著名蒙古族作家玛拉沁夫（右四）同朝阳市领导及
尹湛纳希研究学者进行尹湛纳希电视剧本创作座谈后合影

我国著名蒙古族作家玛拉沁夫与刘文艳（左）、
赖炳文（右）畅谈尹湛纳希研究的发展与展望后合影

时任辽宁省省委常委王充闾（后排左三）、辽宁省文化厅副厅长刘文艳（后排左一）访问尹湛纳希研究专家额尔敦陶克陶（前排右一）、扎拉嘎（后排左二）等人

赖炳文拜访辽宁大学教授、我国民俗专家乌丙安先生，并赠送《尹湛纳希全集》

1986年正月初十，刘文艳（右）、赖炳
文（左）拜访尹湛纳希学者宝昶后合影

刘文艳采访宝昶（右）

赖炳文（前）在惠宁寺采访佟国珍喇嘛（左一）

刘文艳（左）拜访辽宁大学教授、我国民俗研究专家乌丙安

赖炳文（右）拜访中国社会科学院少数民族文学研究所
副所长、博士生导师、尹湛纳希研究专家扎拉嘎先生

《尹湛纳希传》作者刘文艳（左）向辽宁省人民政府
原副省长林声赠书并征询《尹湛纳希传》再版意见

尹湛纳希纪念园（位于北票市下府经济开发区）

序

伟大的蒙古族古典作家尹湛纳希（1837～1892），一生中用蒙古文创作了《青史演义》,《一层楼》、《泣红亭》、《红云泪》等四部长篇小说。除此之外，他还写诗、作画，翻译汉族古代经典。在他所处的那个时代，他在文学与史学等方面所达到的成就，大大提高了整个蒙古民族的文化水准。他在蒙古族历史上第一个脱离民间故事和历史传说的依附，创作了以自己所处的那个时代的现实生活为题材的书面文学，成为蒙古族杰出的现实主义作家。

尹湛纳希一生中坚持用蒙古文从事创作，坚持描绘蒙古族当时的社会现实生活，他的创作深深植根于自己民族的生活与文化土壤之中。但是，他不是一个民族保守主义者，他把自己的视野并不囿于"民族"的局限之内。除蒙古文之外，他还精通汉文、满文、藏文、梵文，通晓史学及先秦诸家之说。他对汉族的优秀文化怀有浓厚的兴趣和深深的敬慕之情，在借鉴汉族文化方面，尹湛纳希已进入极高的层次。他站在蒙、汉两个民族的文化巅峰上纵观历史与现实。学习先进民族的文化，他能融会贯通，并用来促进自己民族的文化的发展。

尹湛纳希的作品，早在中华人民共和国成立前既已出版，但译成汉文介绍给我国各民族读者，那还是 20 世纪 60 年代以后的事情。近些年，尹湛纳希的作品用蒙、汉两种文字大量出版，而且对他创作的理论研究工作亦已广泛展开。同时，许多国家，如俄罗斯、美国、英国、蒙古国、日本、德国、匈牙利等国家都有学者、专家研究尹湛纳希的创作，有关的专论与专著在国外多有发表和出版。但是，我们感到遗憾的是，一直没有见到一部比较全面地介绍尹湛纳希本人生活的传记作品。

　　然而不久前，我非常高兴地读了刘文艳、赖丙文二位同志撰写的《尹湛纳希传》。他们不但弥补了前面提到的那种遗憾，而且做了一件非常有意义的工作。刘文艳同志是汉族，但她和赖丙文同志一起以尹湛纳希同乡人的激情和责任感，用多年时间，在他们的故乡收集、了解尹湛纳希的生平资料，并在此基础上撰写出《尹湛纳希传》。我认为，这部《尹湛纳希传》具有它鲜明的特点，那就是将尹湛纳希的生活经历、感情经历和创作经历融为一体，把尹湛纳希作为一个活生生的人物从各个侧面进行描绘。这就避免了某些传记作品近乎是作家作品的综合评述那种呆板的模式，使我们读来感到清新、亲切。特别是其中有关尹湛纳希个人感情生活的经历，大都鲜为人知，那是两位作者在故乡访问诸多乡老们时所获得的。那些生动的材料，对我们认识尹湛纳希的为人、认识他作品的内涵与外延，都有重要的价值。

　　我希望读过尹湛纳希作品的朋友们再来读一读这部《尹湛纳希传》。我相信，它会给你许多生动的启迪。

玛拉沁夫

1987 年孟冬于北京

目　录

一、忠信府第

汹涌的大凌河，美丽的河。你甘甜醇厚的乳汁，哺育了多少智慧、勤劳的儿女；你源远流长的历史，传播了多少光辉灿烂的文化。伟大的蒙古族作家尹湛纳希就是大凌河的骄子。

大凌河汹涌澎湃又曲回婉转，河水清清，晶莹透彻，进入卓索图盟土默特右旗境内，风光更加绚丽。在这里，西面有凉水河，东面有牦牛河同时汇入大凌河，波光粼粼，夏日犹如烟花三月的扬州。三水之间有块大约 5 万亩的平地，芳草如茵，树木葱茏。平地北面，山峦蜿蜒，群峰耸峙，犹如一面巨大的屏风。在这个依山傍水、优美如画的地方矗立着一座宏伟气派的庄园——忠信府。

卓索图盟（今辽宁省朝阳地区）于清初 1705 年（康熙四十四年）设立，统辖土默特左旗、中旗、右旗和喀喇沁左旗、右旗及中旗。昔日卓索图盟，历史悠久，文化底蕴深厚。据史书记载，卓索图盟是内蒙古东四盟之一，盟地曰卓索图。尹湛纳希故居忠信府位于卓索图盟土默特右旗大凌河与牤牛河汇合处西北方向的忠信府村（今辽宁省朝阳市北票下府经济开发区三府村）。据传说，"忠信府"第乃皇帝所赐，源于忠信府先祖在清朝入关战役中功勋卓著。忠信府的正南方向有馒头山照应，后有道木塔杜山傍靠。波涛汹涌的大凌河水在府前南山根处缓缓向东流去，府的东面三四里处是方圆百里闻名的惠宁寺庙林。府的西面六七里处是凉水河的末端，涓涓凉河水汇入凌河大川。当地人皆称忠信府是"三面环水，一面靠山，前有照、后有靠的风水宝地"。当地有一首歌谣是这样赞美的：

碧波粼粼凌河照，

青峰巍巍端木靠；

滚滚急流吞魑魅，

潺潺"凉水"化寒飙；

得天独厚忠信府，

土沃畜壮民富庶；

晨钟耕作暮鼓归，

欢歌笑语颂英魁；

云淡风和野苍苍，
蒙汉文豪草花香；
书声琅琅"润亭"志，
雄心报国愤图强。

这首民歌表现了 19 世纪中叶忠信府一带的地理风光和风土民情。其中"润亭"便是指尹湛纳希。尹湛纳希，汉名宝衡山，字润亭。

尹湛纳希是成吉思汗的第二十八代后裔，也是明代归化土默特俺答汗的第十一代子孙，是蒙古族世袭贵族。尹湛纳希所写的《家谱》是这样记载的：

同治十二年六月十六日

本宗室世系谱，由我尹湛纳希前代贤明王、诺颜立家谱以来已有四十余年。由于年久，适有腐烂之处，今日重修续谱已毕。

自圣·成吉思汗至我辈，已传廿八代世孙，台吉世族已近卅世孙了，圣·成吉思汗之后裔，在内蒙古、外蒙古一百零五旗内，均有繁衍，把他们的历史梗概于此谱内。

法天启运圣武皇帝太祖铁木真成吉思汗。大元帝国开创者，普光圣杰在天之"察干·速勒达"下凡，奉天命而创建大业，威震一统天下。法天启运圣武皇帝，始可汗，大元帝国之元勋。

长子术赤，于北疆俄罗斯建国称汗。

次子察合台，于西夏西域之地建国称汗。

三子窝阔台可汗，于中华之地称汗。

四子拖雷，为君主在蒙古本土称汗。

拖雷之子忽必烈，薛禅承袭可汗位。

……

台吉拉布克　二子

长子拉哈旺敖尔布，其二子，

长子协理台吉旺钦巴勒，共四子（谨案尹湛纳

希生父，在世四子）。次子台吉杭嘎勒，无嗣。

……

从尹湛纳希的家谱上可以明显地看出，尹湛纳希系成吉思汗的直系后裔。这一点对于尹湛纳希后期"勿忘祖宗"思想的形成及《青史演义》的创作都有直接关系。

尹湛纳希的先祖曾居内蒙古呼和浩特土默特部。土默特部同蒙古地区的其他部落一样，也是一个古老的部落。有人提出，豁黑土马敦就是土默特的祖先。"土默"是蒙古语，"万"的意思，"特"是"万"的复数。土默特部落位

于呼和浩特西部，大青山脚下。"天苍苍，野茫茫，风吹草低见牛羊"的吟咏，更使土默特川古往今来魅力不衰。天聪六年，即公元 1632 年，清太宗亲征哈尔都部、土默特部。这两个部落都降清兵，并随清兵入关作战，立下战功。清朝定都燕京（今北京）后，顺治五年，即公元 1648 年封土默特部首领固穆为札萨克镇国公。并将他调离原来的世袭领地，从呼和浩特土默特旗迁到辽宁北票（称东土默特）。固穆同朝胡日兄弟二人来到土默特右旗领地后，边狩猎，边选择居住地。他们见这里山清水秀，土地肥沃，森林茂密，三面环水，一面靠山，是难得的风水宝地。回去后，他们便带领白如大、白仞、临日如大、杭木顿、其木得、包路处大、来哈得等 7 个部落首领及随从来到这里，一边过着"棒打狍子瓢舀鱼，野鸡飞到饭锅里"的狩猎生活，一边放牧牛羊，垦殖荒地，逐渐开始了半农半牧的生活，后来便脱离了游牧生活，定居此地经营农业。

按照蒙古族的风俗习惯，每定居一地必须首先修建寺庙供奉佛像。因此，固穆亲自主持修建了琉璃顶庙。惠宁寺碑文是这样记载的："成吉思汗后裔，固穆朝胡日兄弟二人，从呼和浩特土默特地方首次来到这里，亲自主持修建了琉璃顶庙。"

康熙二年（1663 年），固穆被晋升为固山贝子。《清史稿》记载："固穆，元太祖裔，顺治五年（1648 年）封札萨克镇国公。康熙二年（1663 年）晋固山贝子。"固穆晋升后，娶了顺治皇帝的四姑娘为妻。四公主嫁到土默特时，随身带来了许多满族、汉族的丫鬟。为了建立一个壮观、富丽、舒适的王府，迎接四公主下嫁，让四公主称心，亲自到汉族地区请来了木匠、瓦匠，将琉璃顶庙进行了改建扩建，建成了一座王爷府。府内共有房舍 20 多间。院内用琉璃瓦筑了花墙，用板石铺了甬路，甬路两旁栽植了对应的松柏树，王府的大门两旁镶嵌了金字楹联。上写：

金枝玉叶皇官府，
塞北沙漠第一家。

横批是："四公主子孙。"

四公主下嫁到土默特后，土默特王爷固穆便成为当朝驸马爷，与清朝皇帝有了密切的联系。此后，便有许多汉族姑娘包括公主、郡主与这里的贵族婚配，也有一些汉族地区的逃户到这里安家落户，使土默特旗逐渐成为蒙汉杂居地区。

固穆的弟弟朝和日在沿袭协理台吉职务以后，在离贝子府西 5 里处建起了忠信府，后代直到 1851 年一直世袭协理台吉。尹湛纳希的祖辈一直居住在这里。

　　由于清朝初年实行了半个多世纪的"让步政策",减免租徭,使农民得以休养生息,比起那些兵荒马乱的年代,生活比较安定,社会生产力有些恢复,略呈现出升平景色。到 19 世纪初,尹湛纳希的祖父和父辈时期,忠府信这座蒙古贵族的中型地主庄园已经初具规模。

　　当时,忠信府整个庄园占地面积百余亩。府第的东西两侧相对矗立着两座玉雕石刻的下马石碑,至今遗址尚存。下马石碑通往庄园的路两侧依次排列着石马、石牛、石虎、石狮等石兽,甚是威严雄壮,如同一列执着的卫兵护卫着主人的家园。庄园南面院墙正中三扇大门。中间一扇红漆大门紧闭,两只铜虎形门把手迎风微微摆动。大门两侧一副对联异常醒目:

　　　　　　　　数业积善之家,
　　　　　　　　礼乐诗书名门。

　　府内由两个大院和介寿堂、逸安堂、绿竹斋、教谕斋等若干四合院组成。院中雕梁画栋、庭廊相接,古朴幽雅。院里垂柳依依,茶花瑰丽,盆景点缀,芳香四溢。院子后面是一座叫荟芳园的花园。荟芳园与府内住宅连成一体,有一条幽静的小路和一个月亮门相通。荟芳园内绿柳成荫,百花吐艳。春、夏、秋三季都有鲜花应时而开。园中间人工开凿了五六亩大的湖面,把山泉水引进湖里。湖中心,一座端庄秀丽如少女一般的楼阁亭亭玉立。这便是别有一番情趣的绿波亭。绿波亭犹如西湖中的湖心亭。湖岸上建有风格各异的来山轩、松月亭等,都有石铺甬路与湖相连。园中湖水南北两岸有石拱小桥相连,沟通了府院与花园各小亭的路。园的左侧还建有戏台、茶楼,都掩映在绿树丛林中。园的右侧建有花坛和鱼池。池中有大小各种红白各色金鱼,看上去令人心旷神怡。池中还有一座假山,用高家石场的方石与各类形状的石块垒成。假山中有九曲十八弯的山洞,走起来妙趣横生。荟芳园规模虽然不大,但是由于格局适当,小而不俗,令人欣然,可谓是塞外大漠脚下的江南盆景。尹湛纳希曾写诗赞美荟芳园:

　　　　　　　　山展绿黛,水泛清澜;
　　　　　　　　密柳飘垂黄鹂影,
　　　　　　　　群花芬芳映画栏。
　　　　　　　　曲径萦环,不止三三;
　　　　　　　　长檐斗角九弯弯。
　　　　　　　　高楼凌霄汉,
　　　　　　　　疏帘外,鹦鹉和着燕子呢喃。
　　　　　　　　青松下,敲棋声脆;
　　　　　　　　古琴上,冷冷五弦;

花丛里，茶香暗传。

这小园，虽不比百花芳草甸；

林壑雅，却胜那石崇金谷园。

花园的东侧是个茶园，园中种植了各种蔬菜和名贵药材，园正中有一眼石砌八棱井。八棱井设有石台阶、石井栏，至今尚存。忠信府的后山顶上有一块平平整整约有10平方米的地块，上有一个石刻大棋盘。棋盘一米见方，四周建有石凳。夏日，天晴日朗，松树遮阴。在树下可边乘凉边对弈。抬头远眺，大凌河的壮丽景色尽收眼底。从这座庄园的设置可以看出，当时的忠信府经济条件是丰厚的，生活是非常富裕的。大自然的美好风光同颇具规模的建筑结合在一起，使这座庄园更加美丽、迷人。

忠信府不仅环境优美，经济实力雄厚，而且还有着良好的文化传统。19世纪中叶，这里已成为当时蒙古族的文化中心。当时，忠信府建有规模不小的藏书楼，根据图书类别，其内设有楚宝堂、学古斋、东坡斋，收藏数以万计的各种文字的书籍。藏书楼的名称和所藏图书充分表现了主人公的文化修养和爱好。楚宝堂之名出自楚国和氏璧的典故，表明了主人的爱国之心；东坡斋则是园主人因喜爱并崇拜宋朝擅长琴、棋、书、画、诗、词、赋的多才多艺的东坡居士而得名；楚宝堂与东坡斋藏的大多是汉文书籍，有一大批是汉文古版书籍；学古斋表现主人非常欣赏中国古代优秀文化遗产，其中大多藏的是蒙文和藏文书籍。忠信府藏书楼远近闻名，可以与文津阁相媲美。这座规模宏大的藏书楼不仅体现了忠信府具有雄厚的财力，而且反映了尹湛纳希祖辈较高的文化素养，也表明尹湛纳希祖辈大量地接受和吸收了汉民族的光辉灿烂的文化。这样的文化传统对尹湛纳希的影响是巨大的。不仅如此，忠信府的文化对临近的喀喇沁、阜新、朝阳等地方的蒙古族文化也曾起过启迪作用，以致后来这些地方出现过不少文人名士。

忠信府，漠南蒙古族文化的摇篮，近代蒙古族杰出的文学家，思想家，被誉为"蒙古族曹雪芹"的文学之星——尹湛纳希就在这里升起。

二、哈斯楚鲁

　　鸦片战争前三年，也就是道光十七年丁酉四月十六日（农历 1837 年 5 月 20 日）清晨，太阳刚刚冒出头，将一片金色的阳光洒向大地。雕梁画栋的忠信府在阳光的照耀下更加灿烂辉煌，光彩夺目。旺钦巴勒正在逸安堂的外间屋里来回踱着步子，妻子满优什姝的呻吟声一阵紧似一阵。一会儿从屋里便传出了婴儿的呱呱啼哭声。旺钦巴勒提起的心放下了，长长地松了一口气，坐在梨木罗汉椅子上，用绢巾轻轻地擦去头上的汗渍。保姆张妈笑容满面地走出屋来，双手抱拳，轻轻打了一揖："恭喜老爷，又得了一位公子。"已经 42 岁的旺钦巴勒抑制不住内心的欢欣，眼角荡出了少有的笑纹。他点了点头，捋着稀疏的胡须，出了逸安堂，向后花园漫步走去。

　　这已是旺钦巴勒与妻子满优什姝的第七个儿子。可是，处于漠南蒙古地区的忠信府，虽然权威势大，经济富裕，奴仆成群，却终因地处较偏僻，名医不多，又常以向佛祈祷代替医疗，致使二儿子苏丹达尼、三儿子牟呢雅属、四儿子牟呢鲁克相继染病，因医治不及时而夭亡。现在只有大儿子古拉兰萨、五儿子贡纳楚克、六儿子嵩威丹精在身边。古拉兰萨年方 17 岁，虽已长大，却因自小体弱多病，总不似布衣粗饭之辈那样健壮，且从小善诗文，不习武艺。五儿子贡纳楚克年方 5 岁，身体还算结实，可因诚信府叔伯哥哥至今无子，说定要过继五儿子的，迟早要过继到那边去。六儿子嵩威丹精只有 3 岁。

　　可以想见旺钦巴勒这时又得了一个儿子是怎样高兴啊！

　　漫步在后花园的石铺甬路上，旺钦巴勒低着头，想着心事。他想起，祖先本是成吉思汗的直系后裔，顺治五年先祖从呼和浩特土默特旗来到这里，放牧牛羊，垦殖荒地，繁衍生息，家族越来越兴旺壮大。自从先祖衮济斯扎布被以罪削爵以后，我们这些后代台吉们失去了世袭扎萨克固山贝子的机会。到了自己这辈却又是这样人丁不旺，诚信府到现在还未有接续之人，真是令人忧虑不安。想到此，旺钦巴勒轻轻叹了口气。可转而一想，今天可是个大喜的日子，佛祖又赐予了一个儿子。看来，忠信府还是人丁越来越旺啊，祖辈的家业不愁无人继承。想到此，他心宽了许多。

　　该给七儿子起个什么名字呢？旺钦巴勒抬起头来，这才意识到已是春暖花开之时了。大凌河两岸冰消雪化，荟芳园桃红柳绿，梨花洁白如玉。旺钦巴勒

内心为之一动，一个名字脱口而出——哈斯。对，就叫"哈斯"！（"哈斯"译成汉文是"玉"的意思）

逸安堂里，满优什妵见儿子出世了，更是喜上眉梢。她虽然已经连生六子，想要个女儿，可丈夫望子心切，如今如愿了，她怎能不高兴呢！她顿时忘了刚才腹痛难忍之苦，不顾丫头婆子的劝阻，坐了起来，小心翼翼地从炕上把儿子托在手上，继而又抱在怀里，低下头来，目不转睛地端详着儿子：红扑扑的瓜子脸，宽宽的额头，正是"天庭饱满，地阁方圆"，一副不凡之相。眼眶上淡淡的眉毛隐约可见。两只眼睛已经睁开，忽闪忽闪的，好似对人间的一切都感到新奇。鼻梁高高耸起，鼻翼随着呼吸微微颤动。两只耳朵的耳垂比前几个儿子都大。这时，她想起了俗语"耳大有福"，竟情不自禁地笑了。晚上，当旺钦巴勒把想好的名字告诉她时，她连连赞同，并说，他就是咱们宝家的"玉"啊！

当时的漠南蒙古地区有个风俗，谁家生了孩子，同娶媳妇一样是大喜事，亲戚朋友、街坊邻居要送鸡蛋、鱼肉、米面等食品以表示庆贺，当地人称此为"下奶"。待孩子满月时，生孩子的人家便把那些来"下奶"的人们请来吃喜宴，并当众给孩子起名字。七儿出生时看上去很精神，却体质较弱。母亲满优什妵为此常感不安。表姑母其默格（也可叫琴默或奇默）是个笃信佛教的人，见侄儿体质较弱，生怕半路不幸，便亲赴惠宁寺，从扎米阳沙达巴活佛处请得一尊铜框"绿度母"护身佛，并将其用金链系上挂在墙上，说有护身佛保佑，孩子就能百病不生，并给孩子起名叫"佛保"。在满月喜宴上，亲戚朋友祝佛保健康长寿。从此，"佛保"这一名字就在忠信府叫开了。

当时，卓索图盟一带还有个风俗，就是在孩子百日时，要集百家之米，蒸100个包子，叫"百宝包"。其中有个最大的包子，送给最长寿的老人吃，说能保佑孩子和长者一样长寿。其余99个包子分别送给亲戚朋友吃，意在大家保佑孩子平安无事。

佛保百日时，家里按照当地风俗，派人到三四个村子共一百户人家求了米，蒸了包子，并分送给众人吃了。满优什妵见出生百日的佛保长了许多，心里很高兴。见佛保眼瞅着挂在墙上的绿度母护身佛"啊——啊"地像是在说什么，便把铜框镶嵌着的绿度母护身佛拿了下来，放在孩子手里，想逗孩子乐。可不曾想，当将绿度母护身佛放在佛保手上时，佛保却急忙把手缩了回去，同时"哇哇"地哭了起来，绿度母护身佛掉落在炕上。这时，在外间屋待客的旺钦巴勒听到孩子的哭声，慌忙走入内室，见夫人满优什妵正边抱着儿子边自语："我知道孩子不喜欢'祸包'（"佛保"的谐音）这个名字，那就叫哈斯吧——因为你阿妈最喜欢的是哈斯呀！"旺钦巴勒插话说："你既然喜欢哈斯，又担心他体弱多病，那就再加上个结实的'楚鲁'（汉语"石头"之意）吧！"满优什姝点头表示同意。这时，孩子在母亲怀里不再哭了，倒张开小嘴笑了。旺钦巴勒见孩子喜欢，就说："这孩子就改名叫哈斯楚鲁吧！"这样，就在"佛保"百日之晨，由父母改名为"哈斯楚鲁"了。

为了纪念这个名字，旺钦巴勒又请工匠雕琢了玉麒麟子（刻有玉质麒麟送子图样的长命锁），并配有双石球项链的"命名锁"戴在哈斯楚鲁胸前。这就是后来成为蒙古族文学巨匠的尹湛纳希。

尹湛纳希的幼年、少年时代，其家庭地位是显赫的，物质生活是优裕的。由于祖辈是成吉思汗后裔，为世袭贵族，又与清朝皇帝有亲属关系，父亲旺钦巴勒袭协理台吉之职，掌管着本旗军务和治安，是当时当地较为显赫的贵族。在经济上，当时土默特管辖着南到锦州、北到敖汉、西到朝阳、东到阜新的臣民和土地，占有着得天独厚的优越的自然条件，每年收的租子就相当可观，加上忠信府在扎兰等地开办了煤矿、酒坊，每年都有可观的收入，因而经济实力雄厚，经济生活富裕。

尹湛纳希幼时便享有丰厚的物质生活，鲜衣美食，无忧无虑。在家中，祖父母及父母视他为掌上明珠，关怀备至。更为难得的是，忠信府的文化氛围、优雅富丽的环境，使他自小受到了深刻而巨大的影响，得到了文学艺术的熏陶。

三、严父慈母

尹湛纳希的第一位启蒙教师是他的父母。父亲旺钦巴勒是拉旺卓尔布的长子，汉名宝荆山，生于 1795 年，卒于 1847 年，既有学识，又有胆略，可谓文武双全。他以父荫，继承了土默特右旗协理台吉的爵位，既掌管着本旗的军务和治安，又掌管着本旗的日常公务。

当时，清政府对蒙古族地区不实行科举取士制度，而是以骑射武功论奖惩。清政府经常征调蒙古旗兵，或守戍边疆，打击外国侵略者，或在内地镇压所谓"寇匪"。旺钦巴勒由于经常亲自带兵出外作战，从而培养造就了他的武官性格。就连其外貌也是一副武官相：长方脸，皮肤黑里透红，明显的三道抬头纹深深地嵌入前额，眼睛深邃而略带威严，紧闭的嘴角被轻微的络腮胡遮掩，更显得深沉而庄重。

旺钦巴勒生活的时代正值清朝末年，整个社会趋于腐败没落。特别是 1840 年的鸦片战争，揭开了中国近代史的序幕。从此，延续了两千多年的中国封建社会沦入了半封建半殖民地社会。中国社会的巨大变化，对中国的社会经济和文化发展产生了深刻的影响。在政治上，民族敌人和阶级敌人加重了对包括蒙古族人民在内的各族人民的压迫与奴役。在经济上，帝国主义将鸦片输入蒙族地区，牟取暴利，毒害人民，并凭借种种特权兼并掠夺蒙族人民的土地、牲畜和其他资源。昏庸腐朽的清政府对外丧权辱国，对内压榨勒索，以捐输为名，向蒙古族人民勒索银两驼马。蒙古王公为求得自身之利益，亦不惜搜刮民脂民膏，以满足清廷统治者和自身的贪欲。

旺钦巴勒作为土默特旗的协理台吉，系当时的四品官吏，经常出没于朝廷、官场，既统军御敌，又亲理王府政事，既往来于闹市，又常居于乡村，对当时的社会状况了解的比较全面、比较深刻。他开始意识到清朝统治阶级的腐败和封建制度没落衰退的趋势。为了维护其自身的贵族地位，他采取了与清廷不同的政策，主张对贫民让步，略施恩于民，以安抚民心。在他任职的二十多年时间里，一直把"清正廉明、秉公办事"的条幅挂在书房内，以勉励自己不做坑民害帮之事。

尹湛纳希在《一层楼》中写贲侯派璞玉到乡下查田收租，璞玉因看到农民生活疾苦，未曾将租税收齐，还为农民减免了一些租税。贲侯见璞玉回来，表面气势很凶，要处置璞玉，实际上他却未曾真的动气。贾侯背地里与金夫人说："我又何必处置他。只是古人有云：娇养不如历艰。我叫他到外边去，原非为多收钱粮，只为他知冷热、识世道，趁便使他略施恩泽于民之意。如今磨难他，只欲削其骄气，挫其傲性，乘此欲试其胆气如何而之。为父者，教子之道如治疾用药，岂可有虑不到之处。"贾侯这段独白便是旺钦巴勒的真实写照。旺钦巴勒对家庭的经营是费尽心机的。但他不同于其他的王公贵族，从不逼迫穷苦百姓，而是在无损于家业的情况下施恩于民，因而受到当地百姓的拥戴，被称为"面冷心善"的人。据位于今朝阳市郊八里堡一老者回忆说：过去八里堡这个地方的地多数是北票下府宝姓台吉的。我的祖先租种他家的地，并有租据。如遇大灾之年，粮食歉收，他们就少收或免收了。有一年因庄稼歉收，老百姓交不起租子，有的竟以盖子（一种用高粱秆做的盖锅用的物件）代替租金。他们收租人回来开玩笑说：今年租子没收着，收了不少盖子背了回来。

在旺钦巴勒任协理台吉时，土默特右旗固山贝子索德那木荒淫无度，欺压百姓，任意搜刮民财，多次激起民愤。旺钦巴勒对索德那木王爷的暴政多次谏阻，虽然多被拒绝，但他仍强谏不止。长期下来，王爷对其心怀不满，曾多次预谋陷害。但终因旺钦巴勒作战有功，得到朝廷的庇护，始终未能得手。

旺钦巴勒对朝廷的腐败昏庸，对王公贵族的荒淫无耻深怀不满。尤其是清朝政府对蒙古民族推行黄教，使蒙古族人多半为僧，不理家业，不事农业，不娶妻室，致使蒙古族的后代昏庸无知，人丁稀少，使他非常痛心。他预感到再这样下去便会毁了清朝盛世，毁了蒙古族。他幻想拯救这个世界，拯救蒙古民族。但是，他毕竟是个封建贵族，没有设想推翻封建统治，而是幻想成吉思汗那样的英雄豪杰、"贤明圣主"再现于世，像成吉思汗那样拯救民族于危亡之中。

旺钦巴勒在忠信府从小就受到严格的家庭教育和文学教养，有较高的文学、语言学、历史学修养。他精于蒙语，尤擅汉文汉语，擅写汉诗汉词，还略通藏语。特别是对汉族的古典文学非常欣赏，并受其深刻影响。由此萌发了用汉族的传统文学样式来描写本民族历史的念头，构思了一部以历史事实为基础的历史小说《大元盛世青史演义》，意在借助歌颂先祖成吉思汗统一蒙古各部落，反抗女真族的民族压迫，建立蒙古帝国的功勋，抒发自己改革清朝腐败的封建制度的改良主义主张。同时，要把成吉思汗的精神和伟业书写出来，传于后世，光照千秋，以唤起蒙古族的民族热情，使整个民族再次振兴于世界。

在这一思想的激励下，他在辅佐王爷处理政事、带领军队等繁忙的公务之余，着手收集和整理资料。当时，蒙古族历史资料浩如烟海，头绪烦乱，前人整理规范的不多，虽然有过一些，可靠性也是很差的，往往瑕瑜互见、难以置信，大多需要重新鉴别和补充。对此，如果没有渊博的历史知识和坚强的毅力是不敢问津的。旺钦巴勒具有惊人的毅力和非凡的才智。他先后收集查阅了大量史书、故事、传说、民间歌谣、民间传说等，为《大元盛世青史演义》的写作打下了坚实的基础。

尹湛纳希在《青史演义》序篇里曾说，他到书楼上"翻阅贤哲家严珍藏的四种文字典籍，选取了蒙古历史有关的史书、传说、故事……共十册，其中有汉文典籍、满蒙文史资料和从藏文、维吾尔文译出的各种卷帙、奏折、杂记……"。并说："藏书楼里的书绝大部分是旺钦巴勒一手收集的"。可见，旺钦巴勒当时是雄心勃勃、意志非凡的。

当尹湛纳希记事的时候，旺钦巴勒已开始夜以继日地撰写这部文学体的蒙古族历史。他经常一个人埋头于藏书楼翻阅资料，有时竟忘记了吃饭，夜里也经常奋笔疾书到三更，困了就用湿毛巾裹在头上。冬天还经常在夜间走出门外，以北风吹面，清醒大脑。

父亲施恩于民的思想和清廉正直的为人以及刚强坚毅、勤奋刻苦的性格，对幼小的尹湛纳希是很好的言传身教。

旺钦巴勒为了使后代能继承祖业，对儿子从不溺爱娇惯，对他们的教育是非常严格的。家中有严格的家规。儿子们每日向父母请安，必须准时、衣着齐整。父母吩咐的事情必须照办，不得有误。衣食住行均由家中统一安排，不得多有奢望，更不得私动家中财物。但他又不同于粗鲁之人，棍棒训子，而是严之以矩、晓之以理、明之以德，使儿子们对父亲的教训既不敢有违，也较心悦诚服。旺钦巴勒经常带儿子们出外办理公事、查田收租，使兄弟几个深谙世事，不曾有一人吃喝嫖赌、不务正业。尹湛纳希受到父亲的影响和严格的教育，自幼勤于学业，刻苦用功。

尹湛纳希的母亲满优什姓也是个有着较高文学修养的人。她于嘉庆七年（公元 1802 年）壬戌十二月二十八日生于卓索图盟喀喇沁右旗乌梁海部的贵族家庭，是旺钦巴勒的继配夫人。

旺钦巴勒 23 岁时娶卓索图盟土默特左旗贝勒、候补安本苏德那木巴拉珠尔之女蒿吉拉姆为妻。蒿吉拉姆生于乾隆五十九年（公元 1794 年），长旺钦巴勒一岁。她是苏德那木巴拉珠尔最小的女儿。蒿吉拉姆出生时，苏德那木巴拉珠尔已年近古稀，因而视蒿吉拉姆为掌上明珠，从小娇生惯养。可偏偏不如人愿，蒿吉拉姆千金贵体，弱不禁风。嫁到忠信府以后，常思念父母。不幸的是，嫁到忠信府的第二年，老父便去世了。为此，她悲痛欲绝。自此，她便一蹶不振，常气喘吁吁、卧床不起，终于在嘉庆二十四年（公元 1819 年）十二月病逝，当时只有 25 岁。

　　蒿吉拉姆病逝后，旺钦巴勒便于 1820 年初娶了喀喇沁右旗乌梁海部之女满优什妹。满优什妹当年 18 岁，正是青春妙龄，比旺钦巴勒小 7 岁。满优什妹虽然也出生于贵族家庭，却与体弱多病的蒿吉拉姆的气质截然不同，不似纤弱细嫩之公主。由于她所生活的喀喇沁右旗与漠北蒙古相近，深受草原姑娘那种略呈粗野性格的影响，愿意同父亲一起舞枪弄剑，稍大一些便在草原上骑马奔驰，搭弓射箭，练就了一身好武艺，也练出了一个棒身材。待她嫁到忠信府后，每当高兴的时候，还要一人骑上快马沿着大凌河兜几圈。当地人都为满优什妹狂放不羁的性格感到惊奇。

　　满优什妹性格开朗爽快。她也受过良好的文化教育，具有较高的文学修养。父亲身为旗扎萨克（旗长），为她从小特聘了蒙、汉老师，使她成为卓索图盟一带精通汉文汉诗、才学出众的蒙古公主。她精通蒙汉史，特别嗜读儒家诗书，颇晓孔孟之道、理家之法、谕子之理，还尤擅绘画，并写就一手出色的汉字。她还特别喜欢听、讲民间故事，记忆力非常强，有"过目成诵"之说。她将许多民间故事都印在脑子里，讲起来时眉飞色舞、活灵活现，使所听的人如临其境、如闻其声、如见其景。满优什妹能讲故事在土默特一带是远近闻名的。

　　旺钦巴勒经常带兵外出，处理公务，忠信府的理家重担自然落在满优什妹的身上。但是，凭借健康的体格和聪明才智，满优什妹把家务总是料理得井然有序。她心地善良，总愿与当地贫苦人家来往。贫苦人家到忠信府求钱借粮，她总是乐于施舍，人们都称她是"有人缘"、"人缘好"的协理夫人。

　　满优什妹嫁到忠信府后，当年便生下了大儿子古拉兰萨。她对儿子特别慈爱。因为她连生了 7 个儿子，大儿子身体较弱，二儿、三儿、四儿接连夭亡，五儿准备过继给诚信府，六儿、七儿年幼，所以对两个小儿子格外宠爱。但她毕竟是有文化修养的人，对儿子的教育是颇费一番苦心的。"昔孟母，择邻处；子不学，断机杼"的故事和成吉思汗的母亲诃额仑精心教子的故事给了她深深的启迪，她时刻把教子成人挂在心上。

　　尹湛纳希咿呀学语的时候，满优什妹便开始教他认识星星、月亮、天河，给他讲"女娲补天""牛郎织女""夸父追日""后羿射日"等优美的神话故事。待他稍大一些，便给他讲《蒙古秘史》《黄金史》《蒙古源流》等著名典籍中的生动有趣的历史故事。给他讲先祖成吉思汗率众驰骋南北、所向披靡的业绩；固穆朝胡日兄弟从呼和浩特来到土默特安家立业、弃牧从农，哈贝子披艰历险、为民除害以及修建惠宁寺的传奇。还给他讲蒙古族优美的民间传说《巴拉根仓的故事》《智慧鸟》等。这些都曾在尹湛纳希的幼小心灵里留下深刻的印象。

满优什妹非常喜欢汉文诗，尤其是对唐诗、宋词更为酷爱。她时常在家务闲暇时在居室里朗诵诗词。尹湛纳希非常喜欢听母亲有声韵地朗读。她声音洪亮甜润，并且很注意抑扬顿挫，时而悠扬婉转，时而音节铿锵，时而如泣如诉。这些都曾给尹湛纳希以深刻的影响，加之他自小就是个早熟儿童，这些优美的传说、故事和诗词对他的启迪是非同一般的，不仅丰富了他的文学知识，而且对他后来民主平等思想的形成也具有启蒙作用。

尹湛纳希非常喜爱自己的母亲，觉得母亲是最伟大的。他7岁的时候曾跟随舅父到离忠信府近200里路的喀喇沁右旗的外祖父家居住。作为当时的喀喇沁王府，其生活是非常豪华富丽的，比忠信府不知要富贵多少倍。可尹湛纳希却不喜欢这里，他非常想念风光秀丽的大凌河，更十分思念知识丰富且温和的母亲。为此，他写了一首感情充沛的蒙文诗，题为《母亲》。诗中写道：

> 拜别了慈母的双膝，
> 穿过千山万水到天涯。
> 来到这边远荒凉的旗，
> 进了王府，
> 一瞬几载到时下，
> 衣食粗安，风景也不差。
> 就是心不安宁想妈妈。
> 但愿腋下生双翼，
> 腾空飞回我的家，
> 亲亲地叫一声"妈妈"。

从中可以看出，他对母亲的感情是非常深厚的。

威严的父亲和慈爱的母亲的性格、言行以及教子之道对尹湛纳希的成长无疑有着巨大的影响。可以说，严父、慈母是他第一任最好的启蒙老师。

重视家庭教育是蒙古族传统文化的重要组成部分。尹湛纳希的先祖就是重视家庭教育的典范。尹湛纳希在《青史演义》要目之三中写道：我们的宗族一代一代沿袭下来，共经历了28代。自成吉思汗始，在这七代里，叔、侄、兄、弟轮流称帝，共有14人做过皇帝。重视家庭教育最典型的就是成吉思汗的母亲"五箭训子"了，当成吉思汗母亲诃额仑夫人看到成吉思汗与几个兄弟发生争执时，她就用箭做比喻，讲述只有五支箭捆绑在一起才不容易折断的道理。"五箭训子"的故事，成吉思汗铭刻在心，他与他的几个兄弟齐心协力，终于统一了蒙古高原。尹湛纳希的父辈沿袭了先祖的祖训，培养了良好的家风。

四、三请家师

　　清朝政府对蒙古族实行愚化、怀柔、利用和控制的政策，在蒙古地区建立军政合一的旗制，一方面加强对蒙古族的控制，另一方面又把蒙古作为镇压内地人民反抗的兵营。清朝政府明文规定，凡属内外蒙古各扎萨克的蒙古族男子，年18岁以上至60岁以下者除目不能视、足不能行、手不能持者外，都要参加"比丁"，编审入册，成为现役兵或预备兵。蒙古族人的晋升受赏也主要以军功而论。《一层楼》中祁璞玉所说"想你我都是世代武职人家，圣上倚用我们，也只看弓马如何来取罢了"就是指的这个历史事实。因此，在蒙古族形成了重视骑射畋猎而轻视文化教育的传统。而在忠信府却是另一番情景，旺钦巴勒的祖先没有被清政府的蒙古族以畋猎骑射论军功的政策所左右。忠信府很重视家庭教育，尤其注重诵读儒家经典，教育后代读书明理。

　　过去蒙古族的家庭教育基本上以平常唠嗑为主，主要围绕骑马射箭的技巧和方法，还有打猎和军事，没有闲嗑可唠。小孩从小吃东西时就教用右手拿筷子。生了男孩门上挂弓箭，生了女孩门上挂红绸布；小男孩儿玩的是羊沙嘎（踝骨）、手布鲁，小女孩儿玩的是小布娃娃，布条做的针线荷包。待小男孩长到五六岁时，父兄们给他做弓箭和手布鲁，教习打靶。女孩长到五六岁时，母亲和姐姐们教她做布鞋和荷包，以做针线活为主要内容。还教男孩、女孩见到老人称呼爷爷、阿爸、阿巴嘎（叔、伯）、哥哥等，遇见年长的妇女要叫"奶奶、额吉（妈妈）"。教他们知道牲畜的颜色，能够辨认青、红、黑、黄等七种颜色；还有十二属相，以及金、木、水、火、土等五行，要教春、夏、秋、冬四时，东、南、西、北四面和天、地、日、月、云、雨、雪、雾等自然知识，教查数等。到清朝时期，蒙古族贵族家庭开始注重满、汉文字的学习。这主要是因为在旗衙门有差事的人家之子，有的在旗衙门当兵，这样的差事就要兼通蒙汉文字。另外，随着农业和畜牧业的发展，更需要有蒙汉兼备的人才。蒙古族有个谚语：对喂乳汁的母亲要敬爱，对教字母的老师要尊重。

　　忠信府处于漠南蒙古地区，为了提高文化素养，他们从内地聘请了汉文老师，所聘教师大都是举人以上宿儒，所聘蒙、满、藏文教师也是地方上出类拔萃的学者。尹湛纳希的父亲旺钦巴勒受到过较好的家庭教育，深知读书的重要。因此，他也特别注意对儿子的文化教育。虽然他公务繁忙，无暇亲自顾及孩子的学业，但他非常肯花本钱为儿子请师拜教，如遇他所钦慕的文人，千方百计也要招进门来。当地流传的旺钦巴勒三请张秀才的事，就是他重视教育的证明。

尹湛纳希5岁那年，旺钦巴勒从义州（现辽宁省义县）请来了一个文客，姓张名何。他自幼精工笔墨，长于诗文经注，又有挥笔成画的绝技，虽然几经应试都名落孙山，金榜无名。但当地人因他一身才学，能诗会画，因而都称呼他"张秀才"。渐渐地，他的名字便人人皆知了。

张秀才不仅才学一身，经纶满腹，而且为人诚恳耿直，举止端庄有度。但他性情孤傲，脾气倔犟，不肯趋炎附势。旺钦巴勒出身贵族，自幼出没于官场，所逢之人尽是阿谀之徒，未曾遇过知音。所以，当看到张秀才德才兼备，教学有方，甚是欢喜。闲时经常与张秀才对坐饮酒，作诗赋词，下棋练画。张秀才见旺钦巴勒如此屈尊礼贤，虚怀养士，对自己又是如此敬重青睐，心中感激不尽。因此，对其所教旺钦巴勒的五子贡纳楚克、六子嵩咸丹精、七子哈斯楚鲁（尹湛纳希的乳名）三人尽心竭力，不辞辛苦。

由于张秀才才学深邃，教学有方，因而不久就为当地人熟知了。当地的几家贵族也欲请张秀才做家师，或要把儿子送到忠信府读书，本旗的王爷也要把孙子送到忠信府跟张秀才习文。旺钦巴勒表面上冷淡威严，对几家贵族尤其是本旗王爷还是不敢得罪的，只得委曲求全答应下来。张秀才得知这件事，心想，旺钦巴勒本不愿将王爷之孙招进府来习文，却又难以拒绝，我何不趁此机会，出外租几间民房办个私塾，既解了旺钦巴勒之难，自己又能脱离寄人篱下的生活。忠信府虽生活舒适，却总不免出于礼仪而吟诗作画，难以尽兴，还是离开的好。张秀才将此想法言之于旺钦巴勒。旺钦巴勒开始不允，不愿让他离开忠信府。后来，张秀才再三陈述其利弊，旺钦巴勒见其意恳切，言之有理，又见所欲租房舍离忠信府不远，便答应下来。自此，张秀才在距离忠信府一里半地左右的地方租了3间砖房，一间做居室，一间做厨房，另一间便做私塾，共收了10个学生，包括旺钦巴勒的五儿、六儿、七儿和自己的儿子张田青在内。

张秀才办学堂后，忙时精心教学生诵书，闲时便吟诗作画，或与妻逗儿嬉戏。这件事一传十、十传百，很快就传遍了土默特左、右两旗以至于更远的地方。因此，来往于忠信府的豪门贵族、达官显贵，无一不以索到张秀才的书画为快。张秀才开始碍于旺钦巴勒敬重之情，对其荐来索书要画的贵族不予拒绝，总是利用早起晚睡之时，挥毫写诗提笔作画，以应所求。后来，因请书索画者络绎不绝，张秀才时间有限，且无意奉迎，遂"欠债"越来越多，于是在那些达官显贵中不免生出些责怪来。

一日，忠信府的一个远房亲戚领着一个旗王爷的公子与张秀才索画。时值张秀才正教学生读书，无暇顾及。来人很不高兴，沉下脸来拂袖而去，走时还故意驱其所骑之马将张秀才的秫秸篱笆踏坏。张秀才气得毛发直立，又无处辩理，难以吞下这口气，心想：我因鄙视功名厌恶闹市才来这里专心教书的，谁知这些无能之达官、无聊之显贵偏偏以势压人，纠缠不休，真令人讨厌至极！从此我要远离闹市，深避田野，慕山谷林泉之景，享耕云种月之乐，清闲自在，终此一生，再不受这份窝囊气了。随后，张秀才解散了学堂，收拾了笔砚，捆绑了行装，与旺钦巴勒道别一声，便带着妻儿到大凌河南岸距忠信府20里远的昝家沟去了。他用几年的积蓄，在那里买了几亩田地，盖了几间草房。闲时教儿读书明理，忙时与妻子儿女一起耕田种瓜种豆，虽粗茶淡饭，却清静安闲。

旺钦巴勒自张秀才走后，没了知己之人，甚觉寂寥。3个儿子又未请到如意的老师，可谓是"经师易求，人师难得"，学业耽搁许多。再说，3个儿子与张秀才的独生子张田青感情甚笃，终日思念不已。七儿哈斯楚鲁更是央求母亲带他去找张田青。为了儿子的学业，旺钦巴勒到处打听聘任老师，到了夏天也没有找到如意教师，很是焦急，便亲笔书信，言辞恳切，差人前往昝家沟，请张秀才重回忠信府。这日，张秀才正在自家小菜园的一棵柳树下席地而坐，望着一对争食的鸡雏挥笔作画。忽听有人敲门，让儿子田青去开门，见是忠信府的差使。差使将书信递给张秀才。张秀才一看是旺钦巴勒的亲笔，邀他再往忠信府，其意至诚，甚是感动，一种思念之情油然而生。但他已得山水之乐，况曾发誓在此终生，岂能轻易离去，便挥笔回书，谢绝归府。

旺钦巴勒书请未成，甚为忧虑，且慕才心切，不肯罢休，便想出一个计策来，派了十来个家人，包头蒙面，于一日深夜，将张秀才家贵重财物抢劫一空，并逼其交出所藏纹银500两。旺钦巴勒满以为张秀才财物两空，无以生计，况周围又无所熟之人，必然要求借于忠信府，待那时再规劝他回府教书，不怕他不回心转意。可那张秀才生性耿直孤傲，宁可忍饥受冻也不求助于人，依然深避田野，不曾回忠信府一次。

旺钦巴勒见张秀才执意不回，便也无可奈何，只是哈斯楚鲁哥几个时常嚷着要找张师爷。哈斯楚鲁因与田青同庚，性情相投，更是央求母亲回禀父亲允他去找田青。一日，旺钦巴勒又生出一计来，便差家人带着七儿哈斯楚鲁去昝家沟。张秀才见了哈斯楚鲁非常高兴。他素来喜欢哈斯楚鲁聪颖好学。儿子田青见了哈斯楚鲁更是喜出望外。田青终因年纪小，不谙世事，只觉得昝家沟人烟稀少，好似与世隔绝，非常想念在忠信府时的生活。在那里，一般大小的孩子一起读书，一起玩耍，不似在这里只有父母，再就是田园、鸡狗，孤独寂寞，冷落没趣。哈斯楚鲁本来是要遵父嘱想法把田青带回忠信府的，一见田青对忠信府兴趣甚浓，心里非常高兴，便把家父的想法同他说了。田青欣然同意。到昝家沟的第三天，哈斯楚鲁同田青到外面树林中用弹弓打鸟玩。这时，忠信府的两个家人骑两匹马来到树林旁，分别把哈斯楚鲁与田青抢上马，直奔忠信府。

张秀才不见了哈斯楚鲁和田青，与妻子分头去找，直找得天昏地暗也未见踪影。一则失去唯一的儿子痛心疾首；二则走失了旺钦巴勒的七儿无法与忠信府交代，直急得张秀才抓耳挠腮，无奈之下只得一溜小跑到离家5里路的陈家沟借了匹马，连夜赶到忠信府，待得知哈斯楚鲁与儿子已在忠信府时方略宽了心。随后，他要带田青回昝家沟，可田青却执意不肯回去，又与哈斯楚鲁藏了起来，不再见他。张秀才一气之下，自己骑马回去了。自此，田青与哈斯楚鲁同食同宿同诗书。

旺钦巴勒吩咐人在忠信府后面端木塔杜山的山脚下背山临水的地方盖了5间瓦房，砌上了院套，在院中种植了花草，修了石阶和凉亭，并将此宅起名为"奈何斋"。修好后，便差一辆车去请张秀才。张秀才见旺钦巴勒三番五次来请，情真意切，况儿子田青执意不回，也不忍骨肉分离，便收拾了家里的东西，同妻子一起随车前来忠信府。旺钦巴勒亲自将张秀才迎进府，并领他到"奈何斋"，告之："此宅专为你所修。以后可在此宅教书，宅门设岗，除孩儿们来此上学外，其余闲杂人均不准入内。"张秀才听后连连点头，并见此宅依山傍水，清静优雅，甚合己意，真有点大喜过望。自此，张秀才继续在这里教书，闲时便在院里种瓜种豆，赏花吟月，悠然自得。旺钦巴勒也常来此与张秀才谈古论今，评诗赏画，甚为心悦。"奈何斋"也成为土默特右旗一带最早的一所私塾学校。

哈斯楚鲁兄弟三个在张秀才的精心指教下受益匪浅，以至于后来兄弟几个都成为诗人、作家。这件事对当时年龄尚小的尹湛纳希影响颇深，在他成年时所著现实主义小说《一层楼》中，对李宪章力劝司田人的描写便是受了这件事的启发。

五、沧桑古寺

忠信府东 2 里处坐落着一座宏伟壮观的历史建筑——惠宁寺。惠宁寺是由原来的贝子府改建而成的。在尹湛纳希生活的少年时代，惠宁寺已经成为土默特佛教中心。因此，这里的佛教活动和佛教思想对尹湛纳希有着很大的影响，在惠宁寺活动已成为尹湛纳希少年时代以至于一生的重要组成部分。

16 世纪中叶迁到这里的固穆晋升为固山贝子并建立王府后，其后代一直袭固山贝子，并继续以此为王府。固山贝子晋袭到第四代便发生了变化，这就是康熙四十九年（公元 1710 年），19 岁的哈木嘎巴雅斯呼朗图袭了固山贝子，人称"哈贝子"，论辈分是尹湛纳希本家太爷爷。

哈贝子大个头，大脑袋，方脸盘，额头上长着一颗红痣，"是个满脸福相的人"，也是个雄心勃勃的人。在他继固山贝子的第二十八年，即乾隆三年（公元 1738 年），他已经 47 岁了。他在进京朝晋皇帝后，见皇帝宫殿富丽堂皇，便萌发了扩建王府的念头，并从河北、山东一带请来了石匠、窑匠、铁匠、铜匠、瓦匠等八大匠人。同时规定，对八大匠人优厚待遇，种地免租，每户分给房宅一处，分地 50 亩，使八大匠人在土默特安居下来。随后，拿出 3 万两银子，开始大兴土木。首先修建了四方殿，后又在四方殿前 81 平方米的月台上修建了一座五丈五尺高、八十一间的大殿和东西配殿。前后共用 18 年时间，花掉 7 万两白银。所建大殿规模宏大，气势雄伟，彩绘华丽，造型别致。远看中间是一座一层高楼的大正殿，四周若干偏殿。其实，大正殿并非一层楼，而是外观一层，内含三层。其第一层可做朝见群臣所用。第二层分东西两侧，东侧房间为乐池，可用以听音乐、赏舞姿；西侧是处理公务的地方。第三层则可做平日歇息的地方，并可瞭望土默特右旗的全景。这种设计既美观富丽，又隐蔽安全。

大殿建成后，哈贝子欣喜万分，捋着胡须说："此殿雕龙画柱，盘龙卧虎，真好似京都的金銮殿！"说者无意，听者有心，此话很快传到乾隆皇帝那里。乾隆皇帝立即派探兵若干前来暗察，如确有其事则火烧金銮大殿。乾隆皇帝身边早有成吉思汗的后代军将，哈穆嘎巴雅斯呼朗图的亲信派出密士乘飞马日奔夜驰，把皇帝派兵查访一事密告了哈贝子。哈贝子得到消息后，灵机一动，增设佛像，改殿为庙，立即召集 400 名精通经文的喇嘛，在大殿上日夜诵经不止。乾隆派来的探兵一看，根本不是金銮殿，而是一座喇嘛庙，诵经之声传出数里之遥。探兵们打马回京禀报乾隆皇帝。乾隆皇帝虽然信以为真，却也生了几分戒心，更坚定了对蒙古族实行怀柔、削弱、抑制政策的决心。

为了防止哈贝子图谋不轨，乾隆皇帝将计就计，钦命哈贝子的金銮殿为"惠宁寺"，并御笔钦定"惠宁寺"三个大字的匾额悬挂于"惠宁寺"正门上方。随后传旨，命哈贝子去西藏拜请活佛，求取真经，并责成蒙古族人：男丁当喇嘛，女丁当奴隶。凡当喇嘛者，每人免户银 80 两；不当喇嘛者，每人增户银 80 两。这样，卓索图盟削发为僧者甚众。家有弟兄多人，除留一人可娶妻、育儿育女外，余者皆去寺庙当了喇嘛。

哈贝子奉旨去西藏拜请活佛，忍饥受寒，险些病死在途中，终于请来了名叫布拉雅的活佛。从此，哈贝子见大势所趋，求取无望，又加之皇帝时时戒备自己，便真的削发为僧了，并于当年做了"惠宁寺"的总主持。

当时，在卓索图盟，黄教日盛一日，可谓庙堂林立，喇嘛成群结队，土地荒芜无人耕种，牲畜无人放牧，蒙古人口逐渐减少。但当时，他们并没有认识到这是清朝政府的怀柔政策所致，人们对佛教笃信不移。乾隆二十二年（公元 1757 年），哈贝子又请来了三世佛、聪哈巴佛、天义佛、千手千眼佛、四大天王等众佛，分别供奉在大殿、四方殿东西各配殿里面。后又增建了山门殿、天王殿、讲经殿、老爷殿、弥勒殿、药王殿、钟鼓楼等，共 169 间殿堂，使惠宁寺更加雄伟壮观。并在惠宁寺修造了高 8 丈，全长 4 华里，红栏腰、尖脊瓦的围墙。乾隆三十四年（公元 1769 年），又从西藏请来了扎木杨·沙巴达活佛，为惠宁寺传诵经典。自此，惠宁寺便成为土默特旗的佛教活动中心。人称这里是"有名的喇嘛三千六，无名的喇嘛赛牛毛"。每当庙会盂兰盆节、活佛节、腊八节等佛教节日，远到阜新、锦州、朝阳，喀喇沁的万余名虔诚的佛教徒及百姓云集惠宁寺，僧歌狂舞，热闹非凡。

尹湛纳希所住忠信府离惠宁寺只有 5 里之隔。无疑，惠宁寺便成为他少年时期的重要活动场所。加之惠宁寺的总主持一直是尹湛纳希的本家长辈，他又是忠信府的掌上明珠，进出惠宁寺则更加随意无拘。惠宁寺上至活佛，下到佛徒，无不彬彬有礼地对待这位"小公子"。因此，尹湛纳希到惠宁寺常受到在家得不到的特殊待遇。大喇嘛席地而坐，领僧众诵经。顽皮的小公子也凑在大喇嘛身旁，双手合十，口中振振有词，有时竟随众作出手势。小公子心血来潮，非要大喇嘛表演十八罗汉手舞足蹈的姿态，竟逗得旁边僧众捧腹大笑。尹湛纳希少年时期总愿意发问，对十八罗汉的名字、来历等总要问个水落石出，有时竟弄得一些喇嘛对答不上，只好敷衍而过。有时，尹湛纳希还和一些穷人家的孩子到惠宁寺去玩，并唆使他们去偷供果吃。如果被色格楞（一种管理纪律的喇嘛）看见了，遭了毒打，尹湛纳希总是上前解围，并设法让他们逃走，弄得喇嘛们毫无办法。

清朝时期，蒙古人学习蒙文的方式，除了家庭教育外，私塾、学堂极少，因而蒙古族孩子学习蒙古语的主要地点是寺庙。读书学蒙文的孩子甚至住在寺庙，从喇嘛处学，所以称喇嘛为"老师"。惠宁寺的四方殿是尹湛纳希家族的家庙，尹湛纳希从小在惠宁寺玩耍、学蒙文。尹湛纳希与惠宁寺和众多喇嘛结下了不解之缘，尹湛纳希的名字就是由惠宁寺的主持所起的。"尹湛"是满文，译为汉文是"聪明、智慧"之意；"纳希"是蒙语，译成汉文则是"大多"的意思。"尹湛纳希"译成汉文是"非常聪明有智慧"的意思。尹湛纳希和喇嘛们还学了一口出色的藏族语言，对佛教经文也颇为通晓，有些甚至出口成诵、倒背如流，使一些终生为僧的大喇嘛也心悦诚服、赞叹不已，夸赞说："奇儿！奇儿！"在这里，尹湛纳希与许多喇嘛交了朋友。

后来，尹湛纳希在其创作的现实主义小说《一层楼》《泣红亭》中曾多次提到惠宁寺，一些具体故事情节也来源于佛教故事，并多处引述经文中的词句。

六、第一才子

尹湛纳希生活在一个物质充裕的贵族家庭，也是一个有着较高文学传统的诗书世家。他的父母是他当之无愧的启蒙老师，为他的成才打下了坚实的基础。除此之外，他的几个哥哥也都是才子，有着较高的文化修养，后来都成为在蒙古族文学史上占有重要位置的文学家、思想家、史学家、翻译家。因此，他们一家被称为可与"三曹"父子、班固班昭兄妹并驾齐驱的诗书世家。

尹湛纳希兄弟几个各有所长，幼时经常在一起切磋学习，互相激励，互相影响，互相促进。尹湛纳希是家中最小的一个，经常得到几位兄长的关心和指教，使他这棵文学幼苗生活在丰腴的文学沃土之中，很快成长起来。

尹湛纳希的大哥古拉兰萨，汉名宝瑰，生于1820年，长尹湛纳希17岁，性格温文尔雅，又刚直不阿，属外柔内刚型。古拉兰萨自幼爱好文学，博览群书，对蒙汉古代历史、古典文学造诣很深。他热爱蒙古族文化，有着渊博的蒙文知识基础，也酷爱汉族文化，如饥似渴地吸收汉族文化的精华。在众多的文学体裁中，对诗歌尤为感兴趣，一生致力于诗歌的研究和创作。他既倾心于蒙古族优美动人的诗歌，也钦慕汉族古典诗歌的严整、和谐、言简意赅。他创造性地把蒙族诗歌与汉族古典诗歌的长处结合起来，融会贯通，熔于一炉，开创了民族诗歌的新形式。蒙古诗歌是以句首押韵的，也就是押韵头，而汉族古典诗歌是押韵脚的。古拉兰萨在创作诗歌时，既押韵头，又押韵尾。这种韵律比较难以掌握，说明诗人在研究推敲蒙文诗的音韵上下过一番工夫。他的诗多为每句八行，讲究对仗，参照汉族古诗严格的韵脚形式，在蒙文诗押首韵中多是一韵到底。古拉兰萨开创的这种诗歌形式，既具有鲜明的民族风格，又具有汉族古典诗歌的韵味，读来音韵和谐，朗朗上口，具有一种音乐美。他的诗在语言的锤炼上也达到了炉火纯青的地步，充分显示出其文学语言的丰富和诗歌创作的造诣。因此，他的诗新鲜奇特而又淡雅优美，既保持了民族诗歌的优良传统，又吸收了汉族古典诗词的优点。

古拉兰萨的诗歌不仅在艺术上达到了一定的高度，而且在内容上也多具有强烈的反帝反封建的意识和对社会丑恶现象深恶痛绝的思想倾向，如《黄菊》一诗：

......

凝霜殄灭众名花，

唯君傲骨寒中发。

试看趋炎朱紫辈，

义愤不平怒难压。

诗人以菊花来寄寓自己的生活理想和情操，展示了自己不畏权势、不畏黑暗现实的坚强性格和对那些趋炎附势的达官贵人的愤恨和蔑视。诗人不思追名逐利，只想在事业上有所建树，虽生长在贵族家庭，却思"出污泥而不染"，做个洁白之士。为此，他写了不少歌颂慷慨高洁之士的诗篇。诗人在《壮士》一诗中写道：

慷慨高洁言行正，

耿介刚毅胆卓群；

锦绣罗帛虽裹身，

名缠利琐碎赍粉！

古拉兰萨在以诗歌创作为主的同时，还挤时间阅读了大量汉族古典小说，并翻译了一些汉族优秀古典小说。他在《译水浒》一诗中写道：

志坚余暇不停书，

蒙译《水浒》多半部。

屈指寒暑过几遭，

春花三开又三枯。

他用了3年时间，用蒙文翻译近百万言的《水浒传》。可以想见，古拉兰萨是有着顽强的毅力的。古拉兰萨之所以成为蒙古族近代文学史上杰出的现实主义诗人，这与他从小立下坚定的志向，孜孜不倦地学习，勤奋地翻译、写作是分不开的。古拉兰萨这种对文学艺术的热情追求和高深造诣及其崇尚高洁的思想情操对尹湛纳希是有着深刻的影响的。尹湛纳希在《一层楼》中的一些诗句，许多是受了古拉兰萨诗歌创作的影响。

尹湛纳希的五哥叫贡纳楚克，汉名宝瑶，生于1832年，比尹湛纳希大5岁。贡纳楚克被自幼过继给诚信府。在诚信府，他不像在父母身边的兄弟那样受到宠爱。在叔叔和婶婶跟前生活，他经常受到责骂，甚至受到鞭打。诚信府与忠信府仅有一墙之隔，贡纳楚克经常跑回忠信府与兄弟几个一起读书学习。他把读书学习当做排忧解难摆脱苦恼的唯一良药。有一首他写的诗可以证明这一点：

读　书

富贵如朝露，
只有浪淘沙。
唯有读书乐，
写诗度年华。
晨起诵诗书，
雄鸡高报晓。
俗事错纷繁，
渐渐生烦恼。

从这首诗可以看出，当时贡纳楚克是以读书为乐、以写诗为业的。因此，他读的书很多，知识也相当丰富，对诗歌有一定的研究。他后来还写过诗歌评论。他在汉文古典诗词方面也颇有造诣，曾写过关于蒙文律诗的文章，对蒙文诗的格律进行了深入的探讨。贡纳楚克对《红楼梦》有一定的研究，曾写诗表达自己对《红楼梦》的理解和认识。诗的题目是《读〈红楼梦〉》。

一

平生长叹少知音，
绝世宏文伴独吟。
曹侯长梦托深意，
红楼顽石叩我心。

二

平生知音何处寻，
掏尽红心向谁云。
肝焦胆枯有八九，
道出缘由无一人。

三

冻雨潇潇几时分，

蒙荣青雾漫山深。

阑珊诗意梦是假，

假梦人言却是真。

贡纳楚克由于生活的环境与兄弟几个不同，性格也与兄弟几个相异，多忧郁少欢乐，多谨慎少胆量，多思虑少言语。时间长了，他自己也感到自己谨小慎微、少言寡语、性格不够开朗大度的弱点，遂写诗激励自己：

断　句

青山不老云堆顶，

绿水无忧风皱眉。

谦逊多礼过则虚伪，

寡言多思过则奸猾。

贡纳楚克除长于写诗外，更长于书法和绘画。他曾孜孜以求地学过王羲之的书法，颇下过一番工夫。忠信府、诚信府的藏书，封面上的书名和名字大多出自贡纳楚克之手。尹湛纳希与五哥关系很密切。他很同情贡纳楚克的处境，也佩服他的为人正直和富有才华，经常与五哥一起对诗，自己写了东西也常给五哥看，他觉得五哥更能理解自己。他曾写过"拊掌索新句，分题咏好诗"的诗句，表明了他和五哥的亲密关系。在尹湛纳希以后的创作中也曾引用过贡纳楚克的一些诗句。例如，《一层楼》明序中的"白马偏为顽徒骑，佳人倒配愚郎悲"的诗句，便是受了五哥诗的启发。

尹湛纳希的六哥叫嵩威丹精，汉名宝琼，生于1834年，长尹湛纳希3岁。嵩威丹精性格活泼刚毅，很有主见。他也有着较厚实的蒙文基础，但他更爱汉族文化，对汉文很精通，对汉族古典文化做过认真研究。与兄弟们相比，他的汉文掌握程度更高一些。他还经常用汉文写诗，如他的七绝《静夜思》：

静夜月光照明湖，

清溪岸边复修竹。

桃李盛开春来早，

盎然新意满春庐。

这首诗很能代表嵩威丹精的诗歌清新、明快、淡雅的风格。

可以看出，尹湛纳希的几位哥哥都有文学才华，都有丰富的蒙族文化的基础和广博的知识，而且还各有所长，均有建树。尹湛纳希生长在这样的环境里是得天独厚的。几位哥哥刻苦学习、孜孜以求的精神及其在诗歌、书法、汉文方面所取得的造诣，对尹湛纳希起到了引路和指导、提高的作用。

尹湛纳希受到哥哥的影响和指教是毋庸置疑的。然而，他绝不只是跟在哥哥后面亦步亦趋，而是"青出于蓝而胜于蓝"。也就是说，他比几位哥哥更有才华。请看当地流传的一首歌谣：

> 忠信府美丽庄园，
>
> 蒙古文化的摇篮。
>
> 四兄弟才华出众，
>
> 七公子遥遥领先。

这首歌谣表明了尹湛纳希文学成就在兄弟们中的地位。尹湛纳希自小聪颖，天分很高。到七八岁时出落得精明英俊，双目炯炯闪耀着智慧之光。眉毛粗重，略向上挑，显示出机敏灵秀之气。他既争强好胜，又有一股矢志不渝的劲头。经常和几个哥哥一起议论一些问题，有时争得面红耳赤。但他从不让步，经常是以五哥六哥告输为终。小时，他经常和几个哥哥一起制作谜语，互编互猜，他的谜语常把哥哥难倒。尹湛纳希写在《一层楼》《泣红亭》里的谜语都是以当地的实物实景为谜底的，大多是尹湛纳希小时和哥哥们一起编猜过的。兄弟几个还经常在一起赛诗，来山轩、松月亭经常传出他们的诗韵和笑声。尹湛纳希天资不凡，在这种环境的感染影响下，不到10岁，吟诗赋词就不在几位哥哥之下了，逐渐表现出他的机敏才智和丰富的想象力。

尹湛纳希9岁那年秋天，兄弟几个以秋为题赛诗。

贡纳楚克写的是《秋思》：

> 秋风袭人感飘零，
>
> 无情月色伴诗魂。
>
> 日暮挑灯卿思我，
>
> 叶飞花落我思君。

大哥古拉兰萨写的是《秋兴》：

> 无事门常掩，
>
> 新诗自吟哦。
>
> 金风鸣萧瑟，
>
> 残枝黄叶脱。

尹湛纳希很快写出两首诗来，一首是《秋夜》：

> 思君清秋夜，
>
> 凉风透碧窗。
>
> 孤竹叶萧瑟，
>
> 愁人起彷徨。

随后又写了一首《伤秋》：

> 秋草枯，秋草黄，
>
> 秋灯昏暗秋夜长。
>
> 可怜机杼扎扎女，
>
> 秋风秋雨待衣裳。

看了尹湛纳希的诗，几个哥哥都为他叫好。六哥嵩威丹精则索性写了一首与尹湛纳希唱和的诗，题为《伤秋唱和》：

> 秋色秋光暖秋晖，
>
> 叶飞花谢不须悲。
>
> 小诗惭呈高朋赏，
>
> 且对秋光笑几回。

从赛诗中可以看出，尹湛纳希写的诗可与长兄媲美，而且才思敏捷，受到兄长的喜爱，尹湛纳希也从而长进很快。

后来，尹湛纳希在学识上有了更大进展。在张秀才的耐心教导下，尹湛纳希能熟诵《四书》《五经》《孝经》《龙文鞭影》《古文观止》《谀吉便览》等古典书籍，有的书竟能背诵下来。他还学习了蒙、汉、满、藏四种文字，并且亲手抄写《五体合璧》《三体合璧》的清文鉴书，同时着手蒙译《红楼梦》这部巨著。

当时，尹湛纳希已名传土默特一带，说他才气不凡，不亚于7岁作《咏鹅》诗的骆宾王。旺钦巴勒为儿子的才气感到高兴。他作为一个严厉的父亲，虽然从不当面赞扬儿子，却也深感安慰。

旺钦巴勒非常愿意带尹湛纳希外出会见亲朋好友。当时，离忠信府100多里远的三座塔（今朝阳县）有一个规模较大的"三泰号"商店，是由山西人开设的。它是卓索图盟最早的商店，也是当时的经济贸易中心。离"三泰号"商店不远有一座康熙年间建造的喇嘛庙佑顺寺，建成时间比"三泰号"略晚一些，当地有"先有三泰号，后有喇嘛庙"的乡谚。佑顺寺是当时的佛教中心，许多有名的喇嘛住在那里，一些有才学的文人贤士也常云集于此。康熙年间，皇帝东谒盛京途经这里时，一些文人墨客书写歌颂皇帝的匾额，其中有一块写道："凤鸣朝阳，地道广远"，后来这里便定名为"朝阳"。尹湛纳希在《一层楼》中所写的凤鸣州就是根据"凤鸣朝阳"的匾额虚构的，实际上指的是朝阳。这里的佑顺寺每年六月十五有庙会，为期六天。庙会时热闹非凡，既要在寺内戏楼唱戏，又要在殿前的舞台上跳布扎，最多时有120名角色登台表演。佛教的教徒也赶来庆祝节日，文人墨客集中在这里会朋友，商人来这里做买卖，姑娘小伙子相约来这里见面。有的青年男女则让媒人领着互相偷看对方，当地叫"相人"。因此，庙会便成了这个地区蒙汉居民一个盛大的集会日，是各种人物进行各自活动的黄金平台。

尹湛纳希自小常听人讲关帝庙会的情形，对去朝阳赶庙会非常向往。这次父亲要带他去朝阳庙会，自然高兴异常。6月的天气，风和日丽，晴空万里，尹湛纳希和父亲一起坐马车出发了。一路上，尹湛纳希大开眼界，对山水田林、自然风光都觉得异常美丽；茅屋草舍，绿树掩映，清溪潺潺，有使人顿感"小桥流水人家"的意境。车过梨树沟时，满树梨花盛开，似冬日大雪覆盖大地且又飘出阵阵馨香。尹湛纳希情不自禁地吟出了唐代诗人岑参的著名诗句："忽如一夜春风来，千树万树梨花开。"而这梨花的盛开，不也正像那洁白似银的冬雪吗？一阵春风拂面而过，吹落的瓣瓣梨花落上衣襟。尹湛纳希见景生情，立即咏出一首诗来。诗题是《清晨》。诗是这样的：

> 晨起拨云进山行，
>
> 晨曦明染深树林。
>
> 饶舌黄莺莫笑我，
>
> 梨花似雪满衣襟。

路上，尹湛纳希一连写了几首诗，还画了一些素描画，飞来飞去的麻雀、前呼后拥的白云尽皆进入画中。尹湛纳希一路走来一路吟，一路行来一路画，经过两天行程便到了朝阳的佑顺寺。旺钦巴勒见了熟人一一打招呼，并把尹湛纳希一一介绍给他们。那些文人贤士早已听说旺钦巴勒是诗书世家，几个儿子个个有才华，其中尤属七公子风度翩翩，能诗会画，堪称奇才。今日得见，果然气度不凡，真是耳闻不如眼见，只是不知才学到底如何，都想亲眼见见。于是，人们簇拥着他们，让尹湛纳希作诗。其中一个骚客见晴空万里，几朵白云缓缓游动，便说："就以白云为题作诗吧。"也有人说："今日庙会盛况空前，七公子作幅画吧。"还有的拿来蒙汉文的诗词歌赋向尹湛纳希"求教"，实则是想对尹湛纳希考察一番。

尹湛纳希第一次出门，第一次见了这么多人，也是第一次见到这样的场面，还真有些拘谨。但一听说作诗作画，他反倒冷静下来了。一路上，他躺在马车上，望着天，那漂浮游动的白云牵动了他的心思，使他感慨万千。这时听贤士们说要让自己以白云为题作诗，内心涌上了诗情，一首《白云》诗脱口而出：

> 白云出远山，
>
> 霭霭傍青天。
>
> 舒卷随形幻，
>
> 离合任自然。
>
> 光辉朝日丽，

宇靖待风旋。

一旦连龙会，

甘霖润物安。

众贤士听后赞叹不已。有的连称"奇儿，奇儿"，有的则说名不虚传，真乃奇才也。有的还想欣赏尹湛纳希的笔迹，便拿来笔墨，让他把《白云》诗写下来。尹湛纳希笔走龙蛇，将诗写出，被一个手快的公子抢了去。那人将此事当做奇闻。说："今天真是见了神童，9岁少年能写出如此深奥的诗来，而且写了一手流利飘逸的字，真是少见啊！"自此，尹湛纳希名扬朝阳，被誉为忠信府的第一才子。尹湛纳希自己也非常喜欢《白云》这首五言诗，并把这首诗写入了他的名著《一层楼》与《泣红亭》。

七、习武练铜

在古代，蒙古人虽然不重视学习文字，但特别注意习武，男孩长到 13 岁便开始练习射箭。古时，各部落都有甲士，各户的甲士从十几岁就开始习箭，分兵士、甲士两种。男孩从小就练习骑马，并且注重练习射箭。各部都有练兵场所，场边挂有靶牌，并且有投布鲁（即打猎用具）的场地。每三年举行习武会，会上集中部落的甲士、兵士赛马、赛骑射、比力气。比力气的强弓分为十分力、十六分力、二十四分力等几种。每分力有 8 斤，如果能用二十四分力的弓则被称为世界英雄。如有战事，在会盟地点召集大会比武，选出军中将领、正副指挥员。平时打猎也按军队打仗的方法进行，年轻人都乐于参与这种打猎活动。蒙古各部落都有一些优秀射手，这乃是习俗所致。到清朝时期，这种情况没有改变。蒙古军人和各户男人都有在马上开枪射猎的能力。蒙古人在围猎、诱猎、堵猎、突破猎户以及超越围歼活动中练就了作战本领，也练就了出发、开仗、驻防等战术。

在尹湛纳希生活的时代，清政府在蒙古地区并未实行内地那样的科举取士的制度，蒙古族的晋升主要是论军功，看弓马功夫。那时，蒙古族不过是朝廷的一个兵营。按清政府规定，蒙古族凡年 60 岁以下、18 岁以上者都要参加“比丁”，“俱照例编审”，目不能视、足不能行、手不能持者不在此范围内。除此之外，若有隐匿，举发治罪。蒙古族的晋级、袭爵也主要是以军功论赏。因此，尹湛纳希的家乡卓索图盟一带也同蒙古族其他地区一样，有着以畋猎骑射为重的传统。尹湛纳希出生在蒙古族武职人家，已经被清朝的科举制度排斥于科举选仕制度之外。虽然尹湛纳希这个贵族家庭有着深厚的文学基础和习文的传统，尹湛纳希自小就对读书具有浓厚的兴趣，并充分表现了他的文学才气，但当时是以武功来论地位的，没有武功就不能出人头地，就会被人耻笑。因此，尹湛纳希的父母也非常注重按照蒙古族的传统训练尹湛纳希，希望他精通武艺骑射，成为能文能武、文武兼备的人。况且，尹湛纳希自小体弱，父母认为他更需要练武健身防身，不然纵有满腹才学，派何用场！这样，学习拳法剑术、训练能骑会射便成为父母为尹湛纳希安排的必修课。

然而，尹湛纳希小时候并不知道这些利害关系，对拳法剑术不感兴趣。他认为，那些东西都是笨功夫，聪明人"只可巧取，不可笨战"，从而挖空心思地想找些窍门。一次，他听朋友讲《奇门遁甲》，说那里面说了许多法术，只要口念咒语，掌握了那里面的技巧，就能无往不胜。他便来了兴致，偷偷地在张何先生那翻到一本《奇门遁甲》看了起来。他看得入了迷，连饭都顾不上吃了，并仿效书上说的方法做了起来，结果闹了不少笑话。

当他看到书中写有"在墙上，画一门，口念咒语，就可以遁出墙外"，便信以为真，并以此联想起来。他想，要是画个门就能走，那么画个马就能跑，画个大鹰就能骑着飞了，那倒真是奇了。他高兴地一拍大腿，说："试试看！"

这天晚上，他按书上的说法把屋门插上，把窗子关严，在他书房的后墙上用毛笔勾画了一个月牙门，然后紧束鞋带、裤带，盘好辫子。只见他圆瞪两眼，双拳紧握，口中振振有词，向墙上的画门处撞去。"咣当"一声，左臂和头左面部结结实实地撞在墙上，左额头上即刻起了个大青包，左臂也麻酥酥地疼痛。可是，他睁眼一看，自己还在书房里，再看那面墙纹丝未动，画的门也在。他揉了揉脑袋说："不行，我一定要试验成功！"他不甘罢休，再次紧闭双眼，双拳紧握，口中咒语念得更响，用尽全身力气，侧右身向墙上撞去。"咣当"，右额头上也起了一个大包。他忍住疼痛，过了约有两分钟，慢慢睁开眼睛，左右看看。只见自己画的门仍然在墙上，自己也仍然待在书房里。又没有成功！他很懊丧，也茫然不知自己哪里没做对。

第二天，他走出家门，去请教朋友。朋友们听了他的讲述，笑得前仰后合，然后又一本正经地对他说："你的法术还没有到家呀！在口念咒语时，必须将咒语写在手心，攥紧拳头，口中默念咒语，运足气力，闭眼撞墙，并保证摒弃一切邪念。只要做到了这些，没有不成功之理。"尹湛纳希求成心切，信以为真，回家后，照着朋友的说法又做了一次，结果由于用力过猛，竟撞得头破血流。

这件事后来被父亲知道了，训斥他不学正道，告诉他不要读那些邪书，要用功习孔孟之典，知书明理，还要认真习武，练一身真功夫。他当时还有些不解，自己照书上说的做怎么还不是正道呢？事后，他"咳"地长叹一声，说："此事终不得法也！愧哉！愧哉！"

然而，他仍不死心，继续偷偷地琢磨《奇门遁甲》的奥妙。一次，他看《奇门遁甲》入了迷。他看到书中说口念咒语，腾空而起，便能轻飘飘地飘过房顶，便又照着做起来。当他纵身一跃腾空而起时，虽然口念咒语，身子却不往上飘，只觉得往下坠。在纵身跃起的一瞬间，他灵机一动，抱住了屋顶上的房梁。当他在朦胧中清醒过来时，自己正双手抱着房梁悬在空中，上不去也下不来。他连忙招呼丫头："丫丫快搁!"听到他的喊声，外面的丫头婆子来了好几个人，把他从房梁上接了下来。只见他出了一身冷汗，浑身打颤，过了好一会才恢复正常。这次失败给他的精神以很大刺激，从此他再也不信《奇门遁甲》之类的书了。但是，"丫丫快搁"这句话却成了府中人取笑尹湛纳希的口头禅。

学《奇门遁甲》失败后，尹湛纳希便不再幻想走捷径了，更明白了"梅花香自苦寒来，宝剑锋自磨砺出"的道理。要想得到真本领，必须苦学苦练。自此，他开始跟父亲聘请的剑术师傅学舞剑兼学拳术。

尹湛纳希做什么事情都有个专心致志的劲，学什么像什么。有一段时间，他竟迷上了剑术，每天练剑成了他的习惯和乐趣。清晨伴着星光练，白天除了学习功课外也挤时间练，夜晚还要打着灯笼练。有时胳膊红肿，腰腿酸痛甚至撞伤，他也不肯停歇。

"功夫不负有心人"。一年多的勤学苦练，尹湛纳希的剑术就很出色了，使起来几个人难以近前。他父亲见他武功进展迅速，喜不自禁，竟把自己保留多年的凹面金剑传给了尹湛纳希。这把凹面金剑是尹湛纳希家的传家之宝，是宋朝八千岁赠送给尹湛纳希祖辈的。尹湛纳希对此剑非常喜爱，经常佩带在身上。

尹湛纳希剑术有了一定造诣之后，便把舞剑学艺改为练铁锏健身。铁锏是土默特一带贵族挂于正室墙壁上的镇房武器。锏重 6～10 斤，长 80 公分左右，锏身呈菱形，锏的护手上是上下向的两个钩。这种锏可以做健身之器，也可做防身之器。尹湛纳希用的铁锏重 8 斤，锏身上写有一副对联，一面写"晨曦堂上练"，一面写"荟芳月下武"。这副对联是尹湛纳希用来自勉的。每天清晨，尹湛纳希在寝室外的厅堂上练锏，傍晚则到荟芳园去练，从不间断，持之以恒。这个习惯尹湛纳希一直保持到晚年。

通过学习剑术和每天练锏，尹湛纳希不仅有了防身之术，身体也开始健壮了，白皙的脸上染上了淡淡的红色，身体也比先前魁梧了许多。当地有一个顺口溜，反映了尹湛纳希的这段生活经历：

　　　　紧闭眼，狠攥拳，
　　　　昂首挺胸直向前。
　　　　嘭，哎哟! 大包朝天。
　　　　……

　　　　镇房锏，两钩弯，
　　　　随手翻飞上下旋。
　　　　噢，七哥儿! 身骨壮健。

　　这个顺口溜生动地描绘了尹湛纳希试学"奇门遁甲法"的失败情景，也生动地再现了尹湛纳希练铜健身的生活习惯。

　　尹湛纳希虽然有了武艺，却从不仗艺欺人，还经常路见不平，拔刀相助。一次，他独自一人正在忠信府的后花园——荟芳园中练铜，忽听对面的杨树林中有人喊"来人啊，救命啊！"接着是一声接一声的惨叫。他顺着喊声，提铜跑去。到近前一看，原来是王爷府内的几个公子王孙正持刀威逼侮辱一个柔弱女子。尹湛纳希见此情景，义愤填膺。他不顾自己只身一人，说声："青天白日，竟敢欺男霸女，看铜！"边说边向那几个家伙打将过去。开始，那几个家伙仗着人多势众，毫不在乎，翻着白眼拉着长调说："蠢秀才，狗拿耗子多管闲事。与你何干！快走开！别自找苦吃！"边说边持刀逼将过来。尹湛纳希毫无所惧，挥臂舞铜，左拦右挡，继而左劈右刺，气盛势威。那几个家伙一看，这个白面书生还真有两下子，不敢再轻慢，招架了几下子，就灰溜溜地掉头鼠窜了。那个柔弱女子连吓带惊，不知说什么好，跪在地上不住地磕头。尹湛纳希近前说："快快请起，逃命去吧！"并一直护卫着那个女子走出杨树林。

　　还有一天晚上11点多钟，尹湛纳希刚读完书上炕休息，突然有几个"胡子"闯了进来。这些人头戴黑色蒙面布，只露出一双贪婪的眼睛。几个人进屋后亮出"家伙"，逼着尹湛纳希交出银子。尹湛纳希见此情景毫无惧色，不慌不忙，慢条斯理地说："你们想要银子吗？那好办！"边说边从枕头底下迅速抽出凹形金面宝剑来，大声说："你们先问问它答应不答应！"说着舞着剑滴溜溜打了几个旋又顺手抓过剑柄。那几个"胡子"一看都傻了眼，知是剑术不凡，再看后墙上长枪短剑、大刀长棍挂得满满的，一时晕头转向，连忙跪下磕头，并连连喊着"少爷息怒，少爷饶命！""只听说七公子是个风流才子，才学惊人，未曾想七爷剑术不凡，真是有眼不识泰山。知罪知罪，饶命饶命！"尹湛纳希见这几个家伙原来些"纸老虎"，便不屑一顾地说："但愿下不为例，快走吧！"就这样，几个"胡子"个个吓得屁滚尿流，逃之夭夭了。此事一传十，十传百，说忠信府的七爷不仅能诗会画有文才，还会刀会剑有武功，凡人难得近前。此后便很少有"胡子"来忠信府骚扰了。

　　尹湛纳希虽习武练剑，却从不以骑射为自身的追求。他说，他学武练剑并非为了争官夺位，而是为了使自己不在他人之下，不为他人所欺。待到成年，他明白了弓马功夫在蒙古族的重要地位，却没有为之所动，而是力改蒙古族以骑射为重的传统，更专心于学问。在《一层楼》中，尹湛纳希热情赞颂了摆脱蒙古族以骑射为重传统的贲璞玉。在第二十回《教谕斋双玉声相抵》中写到：

　　贲璞玉主张读书明理，见到祁璞玉之后，他希望畅谈学问，又是提出问题，又是引经据典作解释。而祁璞玉却主张坚持以骑射为重的传统。他说："我原不曾看过那些闲传小说，况且我们老爷自幼教我以畋猎骑射为重，所以纵巨著正典也不曾苦攻。想你我都是世代武职人家，圣上倘用我们，也只看弓马如何罢了，并非从经书上试选，只务自己所事之业罢了，哪里还用许多诗之子曰呢！"

这里，尹湛纳希对祁璞玉这个人物是不赞许的。他用祁璞玉的话做陪衬，肯定了贲璞玉追求读书明理和背离"以畋猎骑射为重"旧传统的精神。这也是当时尹湛纳希思想的真实反映。尹湛纳希这一冲破蒙古族传统的思想是一种叛逆行为，在当时的社会条件下是难能可贵的。

八、百里背砚

尹湛纳希自小性情聪颖，能诗会画，并对书法很有兴趣。他经常和五哥一起研究书法，练笔习字。由此，他对笔、墨、砚台非常爱惜，遇到好的文房四宝，不惜千金也要买来。

尹湛纳希所在的土默特右旗属于蒙古民族聚集区，他从小接受的是母语教育，尹湛纳希及其文艺作品也都是使用蒙文创作的。写好蒙文字，说好蒙古话，记住自己的祖宗是先辈们的祖训。蒙古文传统书法在笔法上讲究疾、涩二法和逆笔、拖笔、效笔、卧笔等运笔技巧，在墨法上有饱笔、渴笔、涩笔之分。尹湛纳希的蒙文书法受到父兄的影响。又因在喀喇沁王府的苦读苦练，尹湛纳希的蒙文书法将蒙文字的艺术内蕴以及感情的喜怒哀乐有机地融合为审美意识，犹如蒙古人草原骑马行走、蛟龙出海遨游长空一般，甩出那些字撇的俨然是一位骑马持枪、驰骋在原野上的牧马人。尹湛纳希不但精熟蒙古书法，也酷爱汉字书法。王羲之是尹湛纳希最崇拜的汉文书法家。

尹湛纳希在书法上非常崇敬大书法家王羲之。他曾经临摹过王羲之的《兰亭集序》，对王羲之使用的笔、墨、砚都有研究，并尽力效法。这是因为，父亲、母亲和张何先生都从不同角度给他讲过王羲之从小练习书法的故事，对尹湛纳希起了很大的启蒙作用，王羲之有着很大的吸引力。

王羲之从5岁开始，每天一早就在门前的池塘边临池练字，日落西山才涮笔洗砚回家。春夏秋冬从不间断，以至于把池塘的水都染成了墨色，故有"墨池"和"洗砚池"之称。7岁的王羲之的书法已具有一定功力。他经常因为专心苦练书法而忘记吃饭。一次，家人把水饺和蒜泥送进书房。吃水饺时，他仍一心想着如何把字写好，结果水饺没蘸蒜泥，却蘸着墨汁吃了，吃得满嘴墨黑，仍未觉察，继续边写边吃。家人发现后，哄笑不止，他还愣怔不觉。可见他专心致志的程度。这些生动的故事和王羲之的书法造诣，对尹湛纳希有很大的触动。他也曾幻想要成为像王羲之那样的大书法家，也深深地懂得了成为大书法家是要下一番苦工夫的。在一段时间里，他专心致志地学习王羲之的书法。因而他的汉文字体很像王羲之。

王羲之练字，不知用坏了多少笔。在长期的实践中，他总结出笔毫可以分成刚性、柔性、中性三类，每一类毛笔写的字具有各自的特点，兔毫、熊毫、狼毫、鼠毫属于刚性笔，羊毫、鸡毫属于柔性笔。以羊毫与兔毫、羊毫与狼毫相配则为间毫，属于中性笔。刚性笔习字健劲有力，容易掌握。用柔性笔习字无力，难听使唤。学小楷最宜用间毫笔，中楷最好选用兔毫或狼毫，而大楷用鼠毫最佳。对于王羲之的用笔之道，尹湛纳希是深深领会的。他也为自己准备了刚性、柔性、间性三种笔，对每支笔都十分惜爱，用后总是用水洗涤干净，以免笔中留有宿墨，并将笔套好，分类摆放在笔筒里。同时，尹湛纳希养成了习惯，写什么字用什么笔，因而他的字俊逸得体。

砚台是书写不可缺少的文房四宝之一。尹湛纳希生活的时代还大都使用砚台研墨，因而书法家对砚台是很讲究的。尹湛纳希对好的砚台更是爱之如宝，购之不惜千金，在土默特一带流传着的尹湛纳希百里背砚的故事就足以说明这一点。

"立秋忙打靛"是土默特的俗谚。每到立秋时节，土默特右旗通往锦西的路上，车来人往，成群结队，络绎不绝。有钱的大户人家备车马，穷人家骑毛驴或肩挑背扛，带上土默特一带的土特产品，到锦西沈家台一带换回打靛用的染料。染料是这里的人家必不可少的用品。那时，被称为洋货的细布、花布在平民百姓家是不多见的，只有少数富裕权贵人家才穿得起。人们大都是穿自己织的土布。夏天可穿白色的布，不用染；春秋冬的衣服就必须染一下。因此，到了立秋，人们便成群结队地到有染料的地方去运染料，回来把白色的土布染成印花布或红绿黄蓝各种颜色的布。像忠信府这样的贵族富裕人家是穿细布的，但也要用些粗布，给那些仆人、家人做行李或衣服。所以，忠信府每年也派人出去运染料。

这年秋天，忠信府去锦西运染料的人马要上路了。尹湛纳希好奇心强，也要跟着去运染料。他心里琢磨，为什么锦西那个地方能出产这种染料，而我们这个地方就不能出产呢？往返数百里，历年如此，浪费了多少人力。他决定要去探个究竟。于是，他不顾家人的劝阻，备了马车，带了盘缠，带了两位书童，和大家一起上路了。他们日夜兼程，整整走了三天，路过义州（现在的义县），来到了沈家台。尹湛纳希这走走，那看看，把沈家台整个大山看了个遍，才知道土默特没有这样的山，因而也就没有打靛的原料，因而也就只好到这里来买。临走时，他买了足足有两口袋打靛用的染料。他说："这回多带回去一些，可以用两年，就不用年年来买了。"

在回家的路上，他们路过义州的砚台山，在一家小饭店打间。听当地人说，此处盛产一种名砚，珍奇似玉，价贵如宝。尹湛纳希正是对名砚求之若渴的时候，立刻向一位老者打听什么地方能买到这样的砚台。老人告诉他，在马路西5里处有个红石村，村中有个台砚铺子，那里有好几种名贵砚台，只是价格昂贵，一般人买不起。说着，老人用怀疑的目光看了看还未成年的尹湛纳希，意思是，你能买得起吗？尹湛纳希并未迟疑，掉转马头，坐车向红石村走去。到了那里，很快找到了名砚铺子。进门一看，果然名不虚传，各种规格、各种图案的砚台摆了一铺子。尹湛纳希见了喜不自禁，尤其其中一种砚台把他吸引了，他简直想立刻把砚台拿到手。可是，问了下价钱，却使他一下怔住了，要1000钱。他自己手头没这么多钱，从家出来时只带了3000钱，而且除了盘缠都买了染料。怎么办呢？眼见了这么好的砚台，怎么能就这么走了！可是，手头没有钱，怎么把砚台拿到手呢？这时有人议论，一个砚台，怎么能值那么多钱？书童知道尹湛纳希无钱买，拉他快快赶路。可尹湛纳希却不肯走，他想起了母亲讲的王羲之花3000钱买砚的故事。

一天，王羲之在集市上遇见一个卖砚台的人。他从砚台的光泽和湿润的表象上，立即断定是有名的端砚，也就是现今广东端州所产的砚台。如果对砚台哈一口气，它就会出水。擦拭干净，倒上些水，可瞧见人影。真是贵重之物。王羲之爱不释手，便问卖家要多少钱。卖家张口要3000钱，围观的人都吓得吐出了舌头。一个财东说："什么石头值这么多钱？它比别的石头贵重的地方不就是哈口气能出水吗？买一担水才值3个钱，它一天能出一担水吗？我看它连3个钱都不值。"说罢，摇头晃脑地走了。王羲之却倾囊拿出3000钱，买下了这块端砚。周围的人笑王羲之"傻"，可有一个白发老翁却以赞叹的口气说王羲之是"慧眼识真假，周郎善知音"。从此，王羲之以3000钱买砚台的故事在当地被传为佳话。

尹湛纳希想到这，说："好砚台价值千金，古今有之。"说着，转过身走出了店门。但是，他并没有立即往回家的路上走，而是吩咐家人把染料都原价卖掉。家人劝他说，咱们来回用了这么多人力物力，少说也花500钱了，怎么能把染料卖了呢！他说，卖了以后再去买，现在买砚台要紧。最终，他让家人把染料卖掉了，拿到手2000钱，随后立即到店铺买了两方砚台。尹湛纳希拿到砚台，左瞧右看，细细端详，越看越高兴。只见那砚台确实非同一般：砚台是长方形，长20厘米，宽13厘米，高10厘米，足足有5斤重。砚台由砚底、砚箱、砚池、砚盖四个部分组成。砚壁两旁分别题有"花开"和"及第"浑厚有力的四个大字，寓意砚台的主人能够在学业上有所成就。砚盖是2厘米厚的实体，表面有花纹，精雕着荷花、山石、湖面，荷花叶上落有鸲鹆鸟。砚盖的背面是探笔用的光滑似镜的平槽。砚池由两部分组成：一部分是研墨用的平槽；一部分是五指开拢形状的平心凹线的墨水池。砚箱是中空的，里面可装墨水和墨块，中间有透孔的五瓣梅，两小面是透孔的"阴阳槽"，两个透孔正是阴阳鱼的炯炯有神的两只眼睛。这种砚不仅美观大方，使用方便，还有另外一个特点，就是用此砚磨墨，墨汁细腻，稠度适宜，写出字来流畅洒脱。

在回家的路上，尹湛纳希一会儿把砚台放在车上，但又怕一路颠簸碰坏了。一会儿把砚台放在马背上，又怕掉在地下摔坏了，交给书童背着也不放心。后来，他干脆把砚台用块包皮布包上挂在胸前。200 余里的路程，他一直自己抱着砚台。砚台安全运到家，可染料却一无所有，免不了被长辈训斥一顿。可是，看到尹湛纳希买的确实是方好砚，也就不再过多指责。自此，尹湛纳希一直把这方宝砚留在身边，以至于后来外出逃难时也背着砚台。这台砚台成为尹湛纳希的传家宝。至今，这台名砚已收藏在尹湛纳希纪念馆。

九、爱国一家

　　1840 年鸦片战争前夕，处于西方资本主义殖民势力环伺下的中国是一个清王朝统治下的封建国家。当时的中国经济还是自给自足的自然经济占主要地位。到 19 世纪中叶，清王朝已经走上衰败道路，政治黑暗，国防空虚，财政拮据，人民生活处于水深火热之中。"自乾隆末年以来，自京师始，概乎四方，大抵富户变穷户，贫户变饿者，四民之首，奔走下贱，各省大局，岌岌乎不可以支日月，奚暇问年岁?"（见《龚自珍全诗》上册第 106 页）当时的社会是"日之将夕，大乱将起"的衰世。清政府的统治日益腐朽，阶级矛盾十分尖锐，呈现出摇摇欲坠之势。在这种情况下，以英国为首的西方资本主义侵略势力前来敲开了独立自主的封建中国的大门。开始，中英贸易并没有动摇和摧毁中国自给自足的自然经济，因为英国输入中国的商品主要是毛织品和金属品，中国输往英国的货物以茶叶为大宗，次为生丝、土布，以及其他一些零星货物如丝织品、陶瓷、糖、大黄、樟脑、水银等。从中英贸易数值和双方商品的品种看，英国向中国出口的机器工艺品和其他商品抵不上中国向英国出口的手工业生产的土特产品，以致英国每年不得不拿出相当数量的白银来弥补中英贸易上的逆差。英国侵略者认为，这样得不偿失。于是，英国资产阶级便把毒品鸦片输入中国。鸦片是一种强烈的麻醉剂，中国原来把它作为安神止痛的药材使用，称为中药。但这种药的毒性很大，一旦吸食多了就不易戒除。染上鸦片烟瘾的人，体力日衰，精神萎靡，以致丧失生命。鸦片这种毒品逐渐由沿海扩散到内地，就连土默特这个较为偏僻的山村也有许多人染上了烟瘾，有的甚至为此倾家荡产。

　　在这个民族危机的关头，尹湛纳希一家表现出了强烈的爱国主义思想。首先是尹湛纳希的父亲旺钦巴勒。他看到了外国侵略者的野心，看清了他们的罪恶目的和恶毒的伎俩。他深深地感到，再这样下去，中国就会民穷财尽，就会变成异族的殖民地。因此，他对英国侵略军以鸦片麻醉毒害中国人的罪恶行径深恶痛绝。1840 年鸦片战争打响，中华民族打起了抗击侵略军的旗帜，旺钦巴勒为之欢欣鼓舞。在鸦片战争期间，他曾奉命率本旗蒙古骑兵入关守卫海防，并多次立功受奖。特别是他深受林则徐、魏源、姚莹等人进步思想的影响，对清政府的软弱无力、妥协投降表示强烈的不满，主张积极抗战。

　　1846 年夏天，旺钦巴勒再次奉命去渤海一带守卫海防。当时，旺钦巴勒身体较虚弱。但他接到命令后，便毫不犹豫地披戈挂甲，应征出战。他首先整顿了本旗旗兵，充实壮大了旗兵队伍，然后日夜操练，演习战术。同时，鼓舞士气，壮大声威，向骑兵发出了"不共戴天，誓灭英夷"、"齐心协力，操戈御敌"的豪言壮语。旗兵出发前，在忠信府后的道木塔杜山下举行了誓师会。旺钦巴勒设酒招待士兵，进行战前动员。他说，这次蒙古兵奉命出征，抗击英帝国主义侵略，保卫祖国的神圣领土不受侵犯，是完全正义的，我仁义之师必胜。以此激励起将士无比高昂的斗志，将士共同立下了"同仇敌忾，共赴国难，不获全胜，誓不回还"的军令状。誓师大会后，旺钦巴勒亲自带领骑兵队伍浩浩荡荡出发了。当时正值三伏天，烈日当头，军旗蔽天，刀枪闪光，队伍整肃，人欢马跃地渡过了大凌河。

　　这期间，尹湛纳希的大哥古拉兰萨已经 26 岁，正是年富力强的年纪。他在父亲和其他爱国人士进步思想影响下，有着强烈的爱国主义热情。1840 年 1 月，林则徐虎门销烟，打击了英帝国主义的气焰。英国侵略者气急败坏，将军舰开到广东海面，封锁珠江口进行挑衅，发动了不义的鸦片战争。对此，古拉兰萨表示了极大的爱国主义义愤，写下了《海盗气焰》一诗：

　　　　风云突变，

　　　　艳阳变成三九天，

　　　　中原变成阎罗殿。

　　　　青天下，刀兵起，生灵涂炭。

　　　　遍东方，嚣张的海盗气焰！

　　诗中揭示了英帝国主义的海盗行径。古拉兰萨对第一个高举起反帝斗争旗帜、领导禁烟运动、坚决抵抗英国武装侵略的爱国主义者林则徐非常敬佩，对他被革职充军的遭遇表示了极大的同情。1843 年，古拉兰萨写了诗《呈贤人林公》：

　　　　三十三年世仰钦，

　　　　忠谋九曲炽丹心。

　　　　爱石抛珠真可贵，

　　　　满朝文武不如君。

　　诗中对被发配的林则徐给予高度评价，表现了他敏锐的眼力和惊人的胆识，更表明了他的爱国主义态度。这次父亲不顾年已花甲，身染微恙，仍披甲上阵，举师出征，表现了以身殉国、义赴国难的英雄气概，更使他受到鼓舞，并热切盼望父亲早日胜利归来。他抑制不住内心的激动，挥笔赋诗，写了一首渴望义师早日肃清英寇、胜利归来的诗《祝灭寇班师还》：

英寇狂暴侵海边，

敕令我父扫狼烟；

将士云集晓恩义，

旗丁纷聚效忠贤；

赐宴中山英业振，

飞渡凌河皇恩绵；

旌旗凌空蔽日月，

剑戟挥舞天地旋；

出师时值仲夏月，

何当安然得凯旋？

捷报平虏北还时，

叩迎父师共狂欢。

古拉兰萨这首诗在蒙古旗兵出师前的誓师动员大会上慷慨激昂地朗诵，感动了父亲，激励了将士，赢得了一片欢呼声。这期间，古拉兰萨还写了《忆军营》《思亲》等诗，念念不忘出征将士的征战之苦，殷切希望他们早日凯旋。

这年的八月十五中秋节前夕，旺钦巴勒率领蒙古军队班师而还，并受到朝廷黄马褂和黄缰绳的嘉奖。当旺钦巴勒把朝廷奖赏的黄马褂披挂在身上，将黄缰绳套在马脖子上时，更显得威武雄壮，大有老骥伏枥、雄心不已的气势。母亲满优什姊和尹湛纳希兄弟几个见了这般情景，不禁欣喜若狂。古拉兰萨当即又赋诗一首《太平颂》：

狂虏逆天扰海边，

英武蒙军急入关；

鼠辈英寇投剑戟，

屈膝伏降君主前；

卸甲收械庆太平，

拔寨叠帐战马欢；

夜归家园拜父母，

阖家欢乐月团圆。

这首诗描绘出了一幅生动的战斗场面：英勇的蒙古骑兵一往无前地冲入敌阵。英寇望风披靡，扔了剑戟，交了刀枪，跪在将帅面前，屈膝投降。将士们卸下盔甲，收了枪械，拔起军帐，班师而还，回到家中拜见父母，共度中秋佳节。实际上，旺钦巴勒这次率师镇守海防，并没有与英寇直接接触。但古拉兰萨为了表达对侵略者的强烈憎恨，对正义之战的必胜信念，因而以诗的形式描写了这样一个反侵略战争的实战过程，热情赞颂了将士的英雄气概，表达了古拉兰萨强烈的爱国热情。

英国侵略军大量输入鸦片给中国带来的灾难。全国各民族人民英勇抵抗英国侵略军的英雄业绩、父兄的爱国热情，给尚未成年的尹湛纳希、贡纳楚克、嵩威丹精以深刻的影响。此后，贡纳楚克和嵩威丹精都写了一些抒发爱国热情、忧国忧民的诗歌与散文。

尹湛纳希痛恨英帝国主义的侵略行径，更恨腐败无能、出卖祖国大好河山的清朝腐败政府。对那些精神麻木的吸食鸦片、骨瘦如柴、肩不能担、手不能提的烟鬼们则是哀其不幸，怒其不争。而对那些种植在田地里的罂粟更是深恶痛绝，认为它是万恶之源，便不顾母亲的阻挡，让家里的仆人把自己家菜园里种的罂粟拔掉。母亲满优什姎不同意，制止了家人，说那是做药材用的。尹湛纳希不敢当面违抗母亲的意愿，便在傍晚，亲自带两名书童把罂粟连根拔了。他还指使家人，把忠信府附近包括王府种的罂粟也都偷偷地拔掉了。

忠信府家仆宝成，因吸食鸦片成瘾，先是偷着卖掉了仅有的 2 亩山坡地，以后又卖掉了 2 间土房。后来没有东西可卖，只好偷着把老婆的首饰和娘家陪送的衣服裤子也卖掉了，气得老婆回了娘家。一天，在忠信府院墙外的墙角处，家仆宝成蜷曲在那里，用罂粟果实的硬壳做烟枪，用破干瓢做烟灯，在美滋滋地大口大口地吸着鸦片。尹湛纳希去惠宁寺赶庙会回来，看到宝成那种样子，对他是又气愤又可怜。当时，他没有说什么，等宝成抽完烟后，尹湛纳希问他："你过瘾了吗？"宝成嘻嘻一笑，说："飘飘然　如成仙！"尹湛纳希说："你成仙的时间必定是吸烟以后那一刹那。可是，你身体这样骨瘦如柴，走起路来东摇西摆，年不过四十，却肩不能担担，手不能提篮。你气走了老婆，家中又有老母、儿女，如何养活得了！你卖掉了土地、房子、老婆的嫁妆，以后还想卖什么？难道卖老婆孩子不成？你这不是只顾一时快活而长期受罪吗？"宝成听完后说："七哥，你不知道，我已经抽上瘾了，没有办法戒了，后悔也已经晚了。"尹湛纳希说："有办法。你想戒掉它，我可以告诉你一个好办法。"随后，尹湛纳希把自己的鼻烟壶和衣袋里仅有的 5 吊钱给了他，并告诉他："一下子戒不了，但可以逐渐减量。你将这点钱花完了，你就不要花钱买烟了！"宝成接过鼻烟壶和 5 吊钱，被尹湛纳希的一片苦心感动得痛哭流涕。他"扑通"一声跪在尹湛纳希面前，连连说："七哥，谢谢你的大恩大德！奴才一定改过就是了。"从那以后，宝成真的戒了烟，身体也逐渐好了起来，并从岳父家接回了老婆。

十、秉志苦读

1846 年冬天，天气格外冷，刚刚到了冬至，就下了一场大雪，覆盖了大凌河两岸的大地、村庄。大凌河也打破惯例，提前半个月结冰封冻了。在这寒冷异常的气氛中，忠信府往年那种人欢马跃、歌舞升平的景象不见了，整个庄园被寒冷、阴郁和悲伤气氛笼罩着。忠信府的主人旺钦巴勒身染重病，卧床不起了。

旺钦巴勒一向身体强壮，雄心勃勃。只是夏天率兵出关守海防，身染微恙，满以为将养一下就会好的，并决定要在这年冬天集中精力撰写《青史演义》。谁知，与王府的一场纠纷把他送到了地狱的门口。

这年秋天，旺钦巴勒让家奴宝根把忠信府周围的罂粟都拔掉，其中也包括王府家种的罂粟。当时，王爷府没有抓住人，便没有生出什么事端。后来，不知道王爷府怎么打探到了消息，便把宝根和另一个家奴宝金抓了起来，关了半个月也不见放人。旺钦巴勒知道王爷是借机报复，便几次派人前去王爷府索要家奴，却都被王爷府推了出来。旺钦巴勒忍不下这口气，便亲自到王爷府交涉。王爷府不但不交还人，竟残忍地当着旺钦巴勒的面让打手把两名家奴打得惨叫。旺钦巴勒性情刚直暴烈，当时便气昏了过去。两三天后，旺钦巴勒的神志才稍清醒了些，但说话已含混不清了。临终前，旺钦巴勒把几个儿子叫到跟前，交代了两件事：一件事是让古拉兰萨承袭协理台吉的爵位。清朝皇帝顺治即位后，对于有功的蒙古人台吉、塔不囊根据其功记于功劳册，并赐予亲王、郡王、贝勒、公等爵位，并把清朝皇帝的公主嫁给蒙古王公，并依照蒙古原有的办法规定家族中的长子继承法。蒙古人遵照这个法律，各自继承其父兄的领地和爵位。清政府规定的爵位继承法一直沿袭到中华民国时期。另一件事便是让兄弟几个续写完《青史演义》这部书。

1847 年正月初九，大凌河两岸的人们刚刚过完春节。王爷府还在大摆宴席，狂欢作乐。这一天，蒙古族杰出的文学家、史学家旺钦巴勒离开了人世。尹湛纳希的母亲满优什姊悲痛欲绝，尹湛纳希的三位哥哥和家人恸哭悲号，整个忠信府布满了阴云。年仅 10 岁的尹湛纳希目睹了父亲的惨死，痛不欲生。想到父亲常年在外风餐露宿、终日奔波，归来废寝忘食、著书立说，今日大事未成，壮志未酬，他死不瞑目啊！他从父亲临终前那希冀而不是责备的目光中体会到了父亲的遗愿。他暗暗在心中发誓,一定要完成父亲未竟的大业,把《青史演义》续写出来。自此,尹湛纳希似乎长大了许多,再不是那样单纯无虑,而是开始了对社会、民族和人生的思考。尽管当时他还没有成年,还不懂得世事之艰,但他已经开始产生朦胧的拯救民族的意识。

旺钦巴勒逝世后,27岁的古拉兰萨继承了父亲的爵位——协理台吉。尹湛纳希和六哥嵩威丹精在大哥的指导下进入父亲的书房,开始熟悉父亲未完的手稿《青史演义》,并立志早日实现父亲的遗愿。这个既定的目标激励着尹湛纳希奋发读书、刻苦学习,成为尹湛纳希走上文学生涯的一个动力之源。

旺钦巴勒所写的《青史演义》,主要内容是要描写成吉思汗统一前连年混战、四分五裂的蒙古部落的历史过程,塑造成吉思汗这一贤明君主的形象,以及一系列栩栩如生的历史英雄人物和反面人物的形象,从而唤醒蒙古民族,使蒙古民族像成吉思汗时代那样强盛起来。尹湛纳希和六哥看了父亲的写作提纲,深受鼓舞。父亲要写的历史画面是如此宏大,人物如此之多,内容如此广泛,堪称一部巨著。同时,他们也深深感到自己对历史茫然无知,更谈不上续写《青史演义》了。要想写好历史必须首先懂得历史。从此,尹湛纳希便一头扎进史书堆中。当时,蒙古历史资料多如牛毛,且头绪烦乱,写法各异,说法不一。因此,要以历史事实为主要依据来完成文学巨著,不是一件容易的事。那时,尹湛纳希对一些历史资料还不能完全读懂。但他以父亲一样的顽强毅力反复读,反复分析鉴别。随着时间的推移,年龄的增长,知识面的拓宽,他对历史资料的涉猎也越来越广泛。尹湛纳希在《青史演义》序篇里曾说到,他除遍览了自家藏书楼所珍藏的上万册各种文字书籍外,还到内蒙古各地图书馆借阅了一些图书,并到承德文津阁皇家图书馆借阅了有关书籍。

这期间,尹湛纳希心急如火,恨不得把天下所有的历史资料都看完,立刻动笔继承父亲的遗志,把书写出来。因此,他爱书、读书、吃书(把书中的内容或精神都印在脑子里),有时竟达到废寝忘食的程度。一次,尹湛纳希在楚宝堂读书。到了饭时,书童喊他吃饭。他好像没听见。书童又连喊了几遍,他仍然一动不动,像钉子钉在那里一般。书童怕打扰他,便把饭菜端到楚宝堂,放在尹湛纳希的身旁。一个小时后,书童来收拾碗筷,看见饭菜仍然原封未动,就大声咳嗽一声,劝尹湛纳希说:"老爷,快吃饭吧,别累坏了身子!"尹湛纳希没有抬头,只是把头点了点,说:"好了!我已经吃过了。"说完就又埋下头去。书童见饭菜凉了,只好端回去,边走边说:"真是的,老爷把书当饭吃了。若如此,倒不用再种五谷杂粮了。"

尹湛纳希和六哥一起查阅、收集、整理了大量资料后,便开始着手续写《青史演义》。可是，把历史用文学形式反映出来并不是件容易的事。他们感到，自己在文学语言方面还没有达到娴熟的程度，还难于驾驭这么宏伟的历史题材和这么庞大的鸿篇巨制。特别是尹湛纳希感到自己的蒙语水平不够高，尤其是对古蒙语的许多地方还不明白。这无疑是写蒙古族历史的障碍。因此，他们试写了几次，都于不久后就歇了笔。这样，尹湛纳希便在母亲和几位哥哥的支持下到北京去读书，住在北京西城的白塔寺，重点向香客们学习古蒙语。

尹湛纳希在北京学习了三年多的时间，既系统地学习了儒家经典，又认真深入地学习了古蒙语、蒙古历史和蒙古族的历史故事、民间传说、神话故事以及蒙古族诗歌，还学会了绘画、弹琴和京剧。尹湛纳希从穷山僻壤的土默特山区到了繁华的北京城，从经济文化落后的蒙汉杂居地区到了文人贤士云集的汉族文化中心，使他大大地开阔了视野，看到了从来没有看到过的景物，听到了从来没有听到过的事情，饱览了中国古代文化的精华，不仅文学修养有了长足的提高，而且性格也有了很大改变，变得更加有主见、更加有毅力。更为可喜的是，他的思想也发生了很大变化，越来越背离清代蒙古族占统治地位的思想范畴。同时，他对社会的认识也进一步加深了，看到了清朝政府的腐败无能，看清了整个国家处于风雨飘摇中的局势。但他毕竟出生于封建贵族家庭，思想有很大的局限性，看不清封建制度的腐朽没落和必然灭亡的历史发展规律，仍然幻想有一个像成吉思汗那样的贤明君主出来拯救国家。但是，尹湛纳希续写《青史演义》的迫切感更加强烈了。

1851年2月，尹湛纳希的大哥古拉兰萨因病去世。这对尹湛纳希是个不小的打击。大哥很有才气，对尹湛纳希一向爱护。父亲死后，尹湛纳希便把对父亲的感情转到大哥身上。未曾想，大哥竟这么早就追随父亲而去了。这样，尹湛纳希的六哥嵩威丹精便继承袭了协理台吉的职务，再无暇顾及《青史演义》的创作了，续写《青史演义》的担子从而落到尹湛纳希一个人的肩上。

尹湛纳希的父亲和大哥相继去世，对忠信府是一次不小的冲击，也可以说是忠信府家境衰落的开始。当时，嵩威丹精年仅17岁。虽然他头脑精灵，性格刚毅，但他毕竟还未成年，涉世未深，况且已与王府有隙，要支撑起这个家业，不得不拿出全部精力。在当时整个国家风雨飘摇的形势下，在贫民饥寒交迫、地租逐年减少的情况下，忠信府的家境不能不日趋下降，犹如一个健康的人丧失了元气，难以恢复过来。这时，年近六十的母亲满优什姽把尹湛纳希叫到身边，让他一边读书，一边帮着六哥操持家计，维护家业。尹湛纳希表面答应了，可他的心思一点也没有放在家计上，每天只管看书，累了便把从北京带回来的古琴弹上一段，或者到惠宁寺游荡一圈，高兴了再唱上一段京戏，过着古书一部、清茶一杯、琴曲一段的生活。他的性格变得越来越豁达，被当地人说成是"浪荡公子"。实际上，尹湛纳希并没有放纵自己，而是在准备着鸿篇巨制的创作。

十一、青毡为友

尹湛纳希出生于贵族家庭，按传统称呼，应称呼他"七公子"或"七爷"。可在当地却很少有人这么称呼他，无论老幼，都叫他"七哥儿"。在土默特一带，"哥儿"是一种亲昵的称呼，平辈人对自己最喜爱的朋友称呼为"哥儿"，长辈人对少辈人的爱称也是"哥儿"。因此，当地人称尹湛纳希为"七哥儿"，包含着对尹湛纳希的赞誉和喜爱。尹湛纳希之所以得到当地人特别是平民百姓的亲昵和喜爱，是因为他与其他贵族少爷有所不同。他虽然是台吉贵族，四品顶戴，更是忠信府的宠儿，但他却很少有少爷公子的架子，更没有少爷公子的骄横，而是多有同情心。特别是随着年龄的增长，阅历的加深，对社会现象更多的了解，使他对平民百姓产生了怜悯之情，并作出了一些与贵族身份不相称的事情。

尹湛纳希幼年的时候就经常跑出忠信府的深宅大院，与平民百姓家的孩子一起玩耍，一起做捉迷藏、踢毽子、摸瞎、杀马仗等游戏，一起到大凌河对岸的杨树林中拿弹弓打鸟，到草丛里去捉蝈蝈。过年过节时，他也愿意跑出去同穷人家的孩子一起狂欢。有一年，大年三十晚上，他为了和穷人家的孩子一起取乐，把自己家的鞭炮偷着拉出来一小车，放在村前的一块平地上，招来一群穷人家顽皮的男孩子。他和这些孩子们一起一会儿放鞭，一会放炮。孩子们有的放鞭，有的放炮，一时间鞭炮齐响，纸屑横飞，火光闪闪，热闹极了，引得村里人都跑出来看热闹，孩子们则高兴得又跳又蹦。等忠信府的管家们闻声出来，鞭炮已经放完了。家人骂他是"败家子"。他却嘿嘿一笑，笑得非常开心。

尹湛纳希还不顾当地的等级观念，结交了一些贫民朋友。他经常溜出忠信府与田夫野老攀谈，有时竟致"夕不归，家人大恐"。惠宁寺有个喇嘛叫喀喇沁巴图。"喀喇沁"有"平民"的意思，也有"黑小子"的意思。他平民出身，人们都习惯地称他"黑喇嘛"。黑喇嘛懂汉文，蒙文水平比尹湛纳希还要高，并略通医术。但他不会念经文，只是把当喇嘛作为谋生的手段，在惠宁寺做些事情。黑喇嘛性格质朴爽快，为人热诚，乐于助人，爱好广泛，懂京戏，有时也能诌出几句诗。尹湛纳希小时常去惠宁寺，与黑喇嘛接触几次后便成了朋友。以后，两个人经常在一起谈天说地，吟诗论画。有时则在荟芳园的绿波亭或府中的东坡斋里对月饮酒，高兴了便行拳猜令。

忠信府有个习惯，每到节日或为老年人过生日都要请戏班子来唱几天大戏，有时戏班子也会主动送戏上门。每次演戏，忠信府门前都要搭上大戏台，戏台上边用席子围起来，四周用彩纸糊上龙头凤尾的图案。戏台下面要用木板搭起看戏台，看戏台顶端用黑布蒙上以遮雨避光。看戏台可不是谁都可以上的，是专门供贵族老爷、太太、少爷、小姐及其亲属们看戏的。这已是不成文的规矩。可是，尹湛纳希却不管这些，每次都拉黑喇嘛上看戏台看戏。为此，尹湛纳希遭到不少白眼和责怪，说他败了贵族的家风，失了贵族的体面。后来，黑喇嘛不愿再看贵族们的白眼，便拒绝再登看戏台，尽管尹湛纳希强拉硬拽，但他说什么也不肯去。这样，尹湛纳希也就不上看戏台了，而是和黑喇嘛在一起站在台下或拿一个木板凳坐着看戏，一边看一边品评戏文、研究唱腔和动作。对中意的唱词，他们边听边记下来。在尹湛纳希遗留下来的书稿中就有这样几段唱词：

玉镜台

————温峤唱词

弱冠未谐中馈选，
绣幞红丝尚未牵，
琼楼美人多婉娈。
我欲将白璧种蓝田，
只恐月下书难递，
红叶题诗谁与传？
空思念。
怎得那吹箫秦女跨凤乘鸾。

得胜令

————郑詹打子唱词

我指望你步青云登高第，
却原来裹乌巾投凶肆。
广寒宫懒出手攀仙桂，
天门街强出头歌蒿里。
你曾读书史怎不知耻廉？
我郑詹积德门间，

养这等习下流的不肖子。

这些唱词在后来尹湛纳希创作的小说《一层楼》中也曾出现过。尹湛纳希不仅和黑喇嘛一起研究戏文，还亲自扮演过戏剧角色。据说，他曾在三顾茅庐这出戏中扮演过诸葛亮，黑喇嘛扮演刘备。这件事也遭到了贵族的耻笑，因为当时认为唱戏的戏子是下等人。而贵族同平民一起同台演戏更属罕见，是有伤风化的事。可尹湛纳希不管这些，仍然我行我素。有时在看戏时，遇到熟悉和喜欢的唱段，他竟旁若无人似的，和黑喇嘛你一句我一句随着台上角色唱起来。唱着唱着，便起身表演起动作来了。弄得台下哗然，有的围过来看热闹，有的则说他们俩犯了疯病。他的这些行为遭到了家族的反对，可他却仍满不在乎。

尹湛纳希从北京学习回来，越发变得洒脱任性，不理家政，不问家事，家里的"油瓶子倒了也不扶"，却经常悠闲地到道木塔杜山上去散步，再就是常拉黑喇嘛到荟芳园的绿波亭上去对席而坐，望月交谈；或到东坡斋里翻古书，谈历史，弄琴弦，两个人的关系更密切了。有时，尹湛纳希还把五哥和六哥拉来与他们一起猜拳行令，谈诗论画。古拉兰萨曾以蒙文记载过他与黑喇嘛唱和的诗：

中秋巴大爷和诗

莫负中秋好月光，
添酒换令再举筋。
今宵欢聚须尽兴，
休愿他人笑我狂。

我的和诗

剩水闲山任徜徉，
诗人不弃舍增光。
厅前美酒凭君饮，
邀月举杯醉一筋。

这里的"巴大爷"即指喀喇沁巴图，也就是黑喇嘛。尹湛纳希对这样的生活也是很感快慰的。他在《青史演义》初序中写道："……这十种乐趣中，我所喜欢的是同我知心的朋友一起到风景优美的花园，在春暖花开的季节或在秋夜的月光之下，对席而坐，小饮高谈，以一杯清茶、一席趣语、一支檀香、一瓶花束为乐，开怀畅谈，赏心悦目。"黑喇嘛对尹湛纳希的性格和气质是称道的，并曾风趣地写过一首词送给尹湛纳希。词是这样的：

呈忠信府七爷词

七爷志，好争光，

闲来时，展书篇；

搜根求其所以然，

喜的是，清高文雅；

乐的是，名山大川，

相交来往尽青毡。

楚宝堂，荟芳园，

二仙石上听流泉。

东坡斋中谈经史，

绿波亭内奏管弦。

不尤人，不怨天，

前缘，前缘，

英雄客改做了小神仙。

这首词真实地反映了尹湛纳希的生活和他的性格。说明尹湛纳希从小争强好胜，喜欢读书，好刨根问底，并乐于寄情于山水，交的朋友和相互来往的都是些平民百姓。这里的"青毡"是指没有红缨只戴黑毡帽的平民百姓。"英雄客"指的是尹湛纳希既有文才又有武功，可谓当地的英雄豪杰，如今却做了悠然自得的"小神仙"。这里有对尹湛纳希的高度赞赏，也有些许的同情和戏谑、挪揄之意。从这首诗中可以清楚地看出，黑喇嘛对尹湛纳希是非常了解的，两人已成为莫逆之交。

尹湛纳希在忠信府内也很少摆公子少爷的架子，更少有公子、少爷的骄横。他在家里总愿意和丫鬟、书童等奴仆一起交谈游玩，奴仆在他面前也不十分拘束。有时，尹湛纳希会约几个奴仆到来山轩、松月亭去喝酒、对诗，猜拳行令，相互猜谜语。尹湛纳希输了照样受罚。最使尹湛纳希惬意的是同奴仆一起上山打猎，漫山奔跑，无拘无束，偶尔得到些珍禽美味，点火烧熟，野餐起来，甚觉开心。他说："最不愿跟那些有钱有势人家的公子少爷交往，嫌他们无多才学却矫揉造作，衣着华丽却愚蠢如牛，正是'金玉其外，败絮其中。倒不如那些奴仆机灵实在，来得痛快。"因此，尹湛纳希对奴仆非常宽容，对奴仆的遭遇和不幸富于同情之心、怜悯之情，经常不顾家规时俗接济家奴。

一天傍晚，尹湛纳希到西院散步，走到龙泉井旁的松林中，透过几行松树，看到一个人独自坐在井台旁，便径直走了过来。近前一看，原来是经管菜园的家奴张宝正在井台旁伤心落泪。他见尹湛纳希过来，更难过得抽泣起来。尹湛纳希忙低下头，问道："小宝，怎么了？有什么为难事吗？如此这般伤心！"张宝见他没有责怪之意，而有怜悯之情，便抬起头来说："家父今天来了，说母亲有病卧床不起，没钱看病买药，家中又无柴无米，难以度日，焦急万分。我把手中仅有的几个钱让家父带回，恐怕也无济于事。想到父母把我养大，未能尽一点孝心，只有眼睁睁地让母亲离开人世，心里实在有愧，可又没有什么法子好想，正为此伤心。"说罢又低头哭了起来。尹湛纳希听后长长地叹了口气，一边劝慰说："不要着急，想想办法，想想办法。"一边从衣兜里将随身携带的铜钱交给张宝，说道："莫哭了，拿回家去换些柴米，买点药为老母治病。"张宝手里拿着钱，连忙磕头，说："救命之恩，永世不忘！"待他抬起头，看到尹湛纳希已经步入松林继续散步去了。

尹湛纳希对下层妇女从不欺凌歧视。特别是那些年少的丫鬟们，她们有美丽的容貌，善良的灵魂，灵巧的双手，敏慧的才智，却处于被奴役、被压迫的地位，而且每个人都有种种不幸的遭遇。这些都引起了他的同情。这一同情之心既表现在他的生活之中，也反映在他的文学作品中。在现实生活中，尹湛纳希不把丫鬟当做奴隶看待，而是较为尊重他们的人格。他的贴身丫鬟玉兰是个漂亮、精明、伶俐的姑娘，初来时已略通文字，来到忠信府后还写了些诗词曲赋。一有闲空，尹湛纳希就和她谈论诗，还借给她一些书看。时间长了，玉兰有了很大长进，竟能和尹湛纳希一起对诗，也能为尹湛纳希弹琴。长兄不在时，尹湛纳希竟把她作为自己的妹妹相待。对其他一些丫鬟，尹湛纳希也从不欺负侮辱她们，因而丫鬟们都愿意接近他。在文学作品中，尹湛纳希表现了对妇女命运的特别关注，塑造了生活在贵族社会底层的丫鬟的形象，如《一层楼》《泣红亭》中的画眉、福寿、妙鸾等，着意刻画了丫鬟善良的灵魂和聪明的才智，暴露并谴责了封建社会对丫鬟的残酷压迫和迫害。第一次在蒙古族文学史上塑造出一系列丫鬟的形象。其中，炉梅的丫鬟画眉爽直热情、机智善谈、心灵手巧的形象便是以他自己的丫鬟玉兰为原型的。尹湛纳希还曾写诗揭露当时不平等的社会现象，如在《三十三重天》中这样写道：

三十三重天，
天外还有天。
天下之人不一般，
君不见粗鄙凶顽称心愿，

聪明俊秀遭弃捐。

却为何，

蠢材偏偏骑骏马，

佳人反倒嫁痴男。

尹湛纳希还有一段为老农作画的佳话在当地流传。尹湛纳希自小跟张秀才学画，后来去北京又与那里的香客切磋，画技有了很大长进，尤其是山水花鸟画和写生画更有其特点，深受人们喜爱，当地许多人家都把他的画作为装饰品挂在屋里最显眼的地方。时间一长，他的名声一传十，十传百，越传越远，被誉为"塞北唐寅"。很多人竟不远百里千里来求他的画，尹湛纳希总是来者不拒，让人乘兴而归。对于贫苦的农民向他索画，他也毫不推辞。

一天，忠信府来了一位满头银丝、手拄拐杖年近七十的老太太，她的孙子掺着她，见到尹湛纳希的家人就说："听人说'七哥儿'的画都画活了。站在他的画前，能闻到花儿香，能听见鸟儿叫；能看到山青，能看见水秀。他画的福寿图能保人长命百岁。你们行行好，让'七哥儿'劳劳神，也给我作幅画吧。"家人把老太太的话传给尹湛纳希。尹湛纳希听后笑了，说："哪有那么神啊！让他们进来吧！"家人把老太太领到尹湛纳希的书房。尹湛纳希看到老太太满头银丝，也不问她想要什么画，便迅速地摊开纸，研好墨，提起画笔，刷刷点点，一会儿工夫，一幅栩栩如生的《福寿图》就画出来了。老太太一看合不拢嘴，连连说："好画！好画！我要把这幅画镶上供起来，作为我家的传家宝！"据说，这幅《福寿图》真的流传了下来，一直保存到1949年前后。1949年，当地发大水，这幅画连同主人的柜子一起被冲走了。

十二、佛心悯农

鸦片战争以后，清朝统治者对外实行投降主义，对外国侵略者一再让步，与英国、法国、日本等帝国主义国家签订了一系列丧权辱国的不平等条约，割地、赔款，开放通商口岸，使中国沦为了殖民地半殖民地社会。与此同时，清朝政府对内实行疯狂的镇压和敲诈，苛捐杂税名目繁多，日益增长，对人民群众进行残酷的剥削和压迫，把人民群众置于水深火热之中。而蒙古族各旗的贵族阶层为了保证自己的奢侈生活，日益加重对旗民的盘剥。有的王爷更加贪婪暴虐，使尽各种手段聚敛财富，巧立各种名目往旗民身上摊派苛捐杂税，无休止地征调各种差徭劳役，大兴土木，建筑王宫，以致民不聊生，鸡犬不宁。尹湛纳希的大哥古拉兰萨生前曾写诗揭露王爷贵族的奢侈生活和丑恶面目。其中，有一首题目是《魑魅魍魉》，内容是这样的：

> 福晋闻锣神魂飘，
> 昼夜拜佛奔寺庙。
> 愚蒙喇嘛贪女色，
> 欺民诺谚迷舞乐。
> 何处丑相扮恶鬼，
> 诱人粉面变魔妖。
> 色相齐聚何丑陋，
> 效蛆减罪实可笑。

当时，土默特右旗的王府设有监狱，将那些反抗贵族压迫的人或对王爷不满的人关入监狱，施以刑法，横加迫害。古拉兰萨目睹这一现实，曾写《孤鸟》一诗，较为婉转地表达了对这一社会罪恶现象的愤愤不平。

> 拼却性命探牢狱，
> 哽语相期别泪滴。
> 狱外声声传情思，
> 何时重逢一枝栖。

从以上两首诗可以看出古拉兰萨对王爷贵族荒淫无耻的强烈不满和对劳动人民的深切同情。古拉兰萨这一叛逆思想对尹湛纳希是有着深刻影响的。尹湛纳希在后来广泛地接触社会后，看到了社会的不平等现象，也产生了对贵族阶级的叛逆心理，而且这一思想逐渐强烈起来。后来，他在长篇巨著《青史演义》的初序中这样写道："现在有一种怪东西，什么东西呢？就是那么一种活物。那个东西，论学问他一窍不通，论兵书他从未学过；眼鼻手脚也不比别人多长一个，谈吐举止也不比常人好多少，有的甚至是瞎、瘸、哑之辈和淫乐横凶之徒。这等鼠辈还头戴宝顶，冠插羽翎，身着龙袍，腰系玉带，颈套珠链，外披狐貂之裘，前后佩戴珍珠玛瑙的缨穗，手足戴着金银翡翠等物。出门则有数百名美男役仆跟在宝辇之后，所到之处威风凛凛；回家则数十名美女丽妾迎于珠帘缎被之中。住的是仙境般的宫殿，卧的是佛地似的莲池，吃的是七味俱全的佳肴，做的是荒淫无度的丑事；看外表有神仙般的体态，闻味儿有鬼怪般的臭气。我说的就是这么一种东西。"

"他们或是皇亲国舅，或是有功之臣，或是王子公孙。因为他们的祖辈给他们留下充足的家产，于是他们忘乎所以，随意挥霍。"

"在这样辽阔的地方生息着这一类东西，无计其数。这些东西里，我也包括在内。"

这里，尹湛纳希把包括自己在内的蒙古贵族给予了无情的揭露和讽刺，对那些不学无术、荒淫无度的王子公孙表示了强烈的不满，表现了尹湛纳希对自己贵族家庭的叛逆。

由于尹湛纳希兄弟具有对封建贵族的叛逆思想，不仅看不惯对农民的横征暴敛，而且对本府所管辖的贫民表现出一定的宽容，因而与忠信府西面的诚信府形成了较为鲜明的对比。当时有这样一首童谣，表现了两府的差别：

> 叮叮乎，当当乎！
> 东碰鼻子西仲福，
> 前后"丁马"真威武；
> 当当乎，叮叮乎！
> 门神爷挂酒壶，
> 门神爷挂酒壶。
>
> 朝邑宝衡善，
> 催租过凌川；
> 象牙寺，九连山，
> 火烧账单租子乱；
> 安昌地面释贼犯。

前段歌谣所说的"西仲福"，是指靠忠信府西面的谐音，一语双关。"东碰鼻子"是蒙语"哈莫日喜勒吉日那"（小小灾祸的意思）。这段歌谣暗指虽然东西两府门前都有叮叮当当威武雄壮的护卫随从，连看门的人都是以酒代饮料，神气十足。但是，两府也有区别，到诚信府就会遇到灾祸，到忠信府就会得到福气。歌谣的第二部分是赞颂尹湛纳希的。"朝邑"指的是属朝阳城邑的忠信府，"宝衡善"则是宝衡山的谐音，而"宝衡山"系尹湛纳希的汉名；"象牙寺"是指忠信府对面大凌河南岸的一个村庄叫"仓粮窖"，村中有个象牙寺，因此而得名；"安昌"也是地名，指今建昌县一带；"烧账单"是指尹湛纳希收租时看到贫民疾苦便烧了账单，免了租税；"释贼犯"则是指尹湛纳希放小偷的事。

那是1853年，卓索图盟一带遭受旱灾，整整一个夏天只下过一次小雨，雨水还未湿过地面，便被一阵风把阴云刮跑了，暴热的太阳把大地晒得干裂了，河水干涸了，庄稼枯黄了。眼见庄稼要白扔了，人们心急如焚，都把希望寄托在老天爷身上，纷纷到龙王庙跪拜龙王爷。有的人为表诚意，作揖磕头不止，把头都磕出了血。有的人还东借西求，弄来酒肉点心给龙王爷摆上。有的人口中念念有词，求龙王爷开恩。一日，尹湛纳希也来到了龙王庙。他身穿蓝色旗袍，一手拿着白玛瑙鼻烟壶，一手拿着文明棍，大摇大摆地走到龙王爷塑像前，既不下拜，也不供奉，而是毫不客气地用棍子点着龙王爷的脑袋说："你年年吃我们的饭，喝我们的酒。现在，人都要饿死了，你还安然地坐在这里，真是岂有此理！"说着，从家人手里拿过铁链子套在龙王爷的脖子上，链子两边挂上了小水桶，对龙王爷说道："如果再过几天，桶里还是没有雨水，那时就把你龙王爷连窝端了，砸个稀巴烂。"说完，大摇大摆地拂袖而去。

然而，这一切都是徒劳的。这一年，一直到了秋天也没下雨，以致庄稼几乎颗粒无收。到了冬天，忠信府该收的租税没有交上来。六哥嵩威丹精为了忠信府的生计，便让尹湛纳希带了家人去各地催收地租。尹湛纳希及家人一行来到大凌河南岸的"仓粮窖"村。一进村口就碰到一位行乞老人。老人衣衫褴褛，骨瘦如柴，齿落唇塌，脸色苍白，头发纷乱如麻，目光惨淡无神。她一手拄拐杖，一手拎瓦罐，正在沿街乞讨。看见尹湛纳希他们骑马过来，老人哆哆嗦嗦地躲到路边。尹湛纳希见状，顿生怜悯之心。他下了马，走近老人跟前，询问她如何落得这样悲惨的境地。老人对尹湛纳希说，今年闹灾荒，颗粒无收，家中老小夏天吃野菜，冬天吃秕糠，勉强度命。收租的官府不分丰歉，照样收租。自家由于无力纳租，心爱的儿子和女儿也被迫卖掉了，只剩下自己孤苦无依，只能乞讨度日。尹湛纳希听了老人的述说，心伤难禁，吩咐家人送给老人5升米。老人感激得流出了眼泪。到了村里，尹湛纳希看到山脚下的几户人家都是窗无片纸，屋见星辰，老人孩子衣不遮体，瘦骨伶仃，炕上无席，仓中无米。他们见了来收租的更是愁眉苦脸，战战兢兢。家中主人更是磕头作揖，苦苦哀求："行好积德，宽限几日！"尹湛纳希自小在府中过着饭来张口、衣来伸手的悠闲生活，饭鲜食美，被厚衣暖，从无衣食之忧，更未曾见过这般情景。如今目睹此状，真有些胆战心惊。他长长地叹了口气，说："咳！这哪是人过的日子！在这样冷的天气里，百姓们缺衣少食，可怎么活下去！"他心想，农民贫困到这般天地，还哪里讨租去。若是硬逼他们交租，岂不是要把他们逼到死路上去。况且就是要了他们的命，他们也拿不出租粮来。于是，他把心一横，让家人把租据全部拿出来，又同家人要了一盒火柴，自己亲自下马，当着百姓的面，毅然将租据点燃。租据瞬间化为灰烬，随风飘去。百姓们见此，不知道是怎么回事。尹湛纳希站起身来，大声说："今年的租税全免了，不收了，租据都烧了，你们放心吧！"说完骑上马向村外走出。百姓们明白了怎么回事，无不感激涕零，有的磕头，有的作揖，一直把尹湛纳希一行送到村外。

走出仓粮窖村，又走了几个附近的村子，景况大致相同。尹湛纳希又烧了些租据，每烧一处就引来百姓们一阵欢呼。后来，他们到了安昌（现辽宁省建昌县）一带。那里也遭了灾，庄稼虽有收成，但照往年歉收许多。尹湛纳希在那里收了部分租子，准备回忠信府。就在他们准备启程的头天晚上，家人所住房间的门被撬开，几个人钻进屋里偷他们收上来的粮食。家人被惊醒，把偷粮人抓住，捆了起来。第二天一早，家人把这几个人交给尹湛纳希，问他如何处置。尹湛纳希见几个贼人都衣衫破烂，瘦若麻秆。一审问，那几个贼人连连求饶，说家中妻儿老小几日无米下锅，实属无奈，起此歹意，万望宽恕。尹湛纳希联想这几日收租所见所闻，知是实话，便下令放了他们。几个贼人万万没有想到能这么痛快就被放了，便磕了几个头，然后撒开腿跑了。

尹湛纳希一行人出去半个多月，不但没收回多少租粮，还烧了租据，放了贼人。这件事引起母亲和当时主宰忠信府生计大权的六哥的不满，说如此下去，忠信府的生活何以维持！尹湛纳希不慌不忙地跟母亲与六哥讲述了一路所见百姓贫困之状。见六哥仍然闷闷无语，母亲则唠叨忠信府的日子一天不如一天了，尹湛纳希便又讲起了司马迁《史记》中记载的冯谖为孟尝君薛地买义的故事。而后又说："不管怎样，我们府内还有些积蓄，总还可以维持下去。可不能把百姓逼上绝路啊！这也是为忠信府长久打算。"说得六哥终于收起了怒色愁容，向尹湛纳希点了点头，母亲也不再唠叨什么了。这件事很快在府内府外传开，当地百姓称尹湛纳希"是个佛心的人"。

这次外出收租，对尹湛纳希的触动很大，使他进一步了解了农村的现状，增加了对农民的同情之感。晚上，他躺在炕上久久不能入睡，白天的情景仍历历在目，又情不自禁地想起诗圣杜甫的诗章"三吏""三别"以及《自京赴奉先县咏怀五百字》。以前读这些诗觉得都是艺术夸张，如今想来那正是历史的画面，至今这画面仍在现实中无情地再现。他再也睡不着了，索性披衣而起，提笔写了一首诗：

悯农歌

齿落唇塌一老妪，
清晨捧腹去路旁。
衣衫褴褛如病鬼，
央告行人乞钱粮。
正值愚儿收租去，
目睹难禁我心伤。
先予车载五升米，
且问何落怎寒碜。
老妪回语听我言，
东床甄氏我堪怜。
因为无力为商贾，
唯有佣耕三亩田。
适值今年三月初，
当尽衣裳买犁锄。
披星戴月耕耘苦，
难偿私债与官租。
谁知六月至七月，
无雨豆黄荞麦枯，
欲寻滴水无觅处，
滴水胜过夜明珠。
按例八月报岁荒，
只恐欠租受刑伤。
众庶共往述田灾，
顿首切请免租粮。
馑年收歉大不同，
山田不收水田丰。
贪官不问山地歉，
竟同往年重租敛。

噫我贫乏未能己，
既将儿女鬻书吏。
老朽今年七十余，
饿不得食寒无衣。
匍匐求告填空肚，
但望早死不复饥。
哽咽涕泣语无尽，
痴儿闻诉汗沾衣。
劝告老妪勿再言，
今年租使便是余。

尹湛纳希写毕，心略宽慰，方和衣而睡。自此，尹湛纳希得知粮棉器物来之不易，非常珍惜，再不随意挥霍。有时，他看到府上的奢侈生活和糟蹋的粮食，很觉可惜，便自言自语："罪过！罪过！"这段经历在尹湛纳希的脑海中打下了深刻的烙印，以至后来在他的著作《一层楼》中，把这段经历连同他写的《悯农歌》都写了进去，并成功地在蒙古族文学史上第一个塑造了贲璞玉这一同情封建社会被压迫者——贫苦农民的艺术形象。

十三、力改婚俗

尹湛纳希虽出身贵族，却不同于那些呆头呆脑、酒囊饭袋的封建遗少。在他将要成年的年代里，中国正发生着巨大变化，帝国主义凭借洋枪洋炮打开了大清王朝的大门。这时，反帝反封建，渴望民主、平等、自由，要求个性解放的思潮迅速传播开来。尹湛纳希博览群书，思想敏锐，较早地接受了渴望平等、自由和个性解放的民主主义思想，对那些由于封建制度的桎梏而造成的男女恋爱悲剧深表同情。在自己进入青春期后，他也热切地希望能够获得恋爱自由和婚姻自主。尹湛纳希婚前曾经有过一段不平常的经历。

还是在尹湛纳希小的时候，他经常和当地平民百姓的孩子在一起玩耍。这些孩子当中有个叫白梅的女孩，小名叫"小梅"，比尹湛纳希小一岁。小梅出生在一个中等富裕的家庭，家中有几十亩地，基本上是自种自吃。忙时雇请几个人耪青。家里有爷爷奶奶、父母和一个哥哥，她和哥哥都在张何办的私塾里读书。尹湛纳希与小梅的哥哥要好，也很喜欢和小梅在一起玩。这时，他们正是青梅竹马、两小无猜的时候。他们不仅在一起玩踢毽子、跳格子等游戏，也玩"娶媳妇"游戏，就是两个男孩四只手臂搭交成一个正方形的"轿座"，让一个小女孩两腿叉开坐在上面，两只手分别扶着两个小男孩的肩膀。然后，两个小男孩"呜哇哒，呜哇哒，娶个媳妇到了家"地喊着，抬着"新媳妇"来回走。有时，几个男孩分别抬着几个小姑娘玩"娶媳妇"游戏，玩得很开心。等尹湛纳希稍大一些，对小梅就更加喜欢了。小梅虽非大家闺秀，却出落得端庄秀气。加上她玲珑剔透，能够吟诗作画，更显得文质彬彬、温文尔雅。小梅虽是蒙族姑娘，却很少蒙古女子的粗犷、泼辣。而尹湛纳希当时已成为远近闻名的忠信府"第一才子"。但是，由于他已经进入少年期，性的意识已逐渐增强，再不能像幼年时期那样两小无猜、无拘无束地和小女孩在一起玩了。小梅也在祖父母和父母的训导下，经常躲在家里习文练画，缝衣绣花。为此，尹湛纳希便经常以找她哥哥为名，找小梅一起玩，两个人一起吟诗谈画。

有时，他也把小梅兄妹一起请到绿波亭来玩耍。一次，他们几个人在绿波亭玩。小梅觉得有些乏了，便走下绿波亭的台阶，到湖里去洗手。她用沾了水的手捋了捋蓬松的乌发。尹湛纳希站在亭上，向湖中望去，望见了湖中小梅的倒影。待小梅撩起水时，湖边荡起层层涟漪。她的影子也随之晃动，更显得妩媚动人。尹湛纳希为之所动，便写了一首诗，题为《赞花》。诗虽是咏花的，实际上是在写小梅。诗中写道：

> 妆罢对画立婷婷，
> 金玉无瑕谁看清；
> 倩影正临秋水照，
> 卿须怜我我怜卿。

后来，尹湛纳希和小梅对对方逐渐产生了爱慕之情，并相互以物相赠。尹湛纳希把去朝阳佑顺寺赶庙会时，在"三泰号"商店买来的一面"洋镜子"，也就是我们现在用的双面水银镜送给了小梅。小梅如获至宝，珍藏起来。小梅则把自己绣的红缎面绿花蓝边锦带送给尹湛纳希，尹湛纳希也珍爱地戴在外衣内的腰带上。尹湛纳希去北京学习时还常常思念起小梅，他在那里写了《红叶诗》：

> 秋风报寒讯，
> 长林雨落红；
> 河来四月景，
> 尽绽三秋浓；
> 梳妆颜花貌，
> 抹脂悦谁容；
> 饱经风霜苦，
> 粉颊愁几重。

诗中虽是写红叶，慨叹红叶的命运，却也明显地流露出尹湛纳希的思念之情。尹湛纳希从北京回来，给小梅带回了纸、笔等物，并大胆地向母亲表露了对小梅的爱慕之情，提出要与小梅成亲。母亲听后感到惊讶，没想到小小孩子还未成年，便自己想着找女孩子了。母亲坚决不同意，并训斥了尹湛纳希一番。因为当时贵族与平民是不通婚的，这似乎是约定俗成的。贵族与平民结亲会让人感到低人一等，脸面上过不去；平民也不愿巴结贵族，怕姑娘到了婆家受气。因此，贵族与平民通婚是绝对不可以的。尹湛纳希在《大元盛世青史演义》缘起要目之三中也曾写道："直到先父诺彦一代始终没有与平民通婚。"尹湛纳希是成吉思汗的后代，是世袭的皇氏家族，祖辈没有一个与平民通婚的，他怎么能破这个例，给祖宗丢这个脸呢！母亲当时不同意是理所当然的，也是不容置疑的。但母亲也深知，尹湛纳希与其他孩子性格有异，不可等闲视之，便求人到娘家，让娘家人到喀喇沁王府色布道尔吉那里提亲。色布道尔吉有一女尚未成年，提亲的已络绎不绝。但色布道尔吉觉得没有中意的，就一直没有定下来。这次提到尹湛纳希，他动了心思。因为他知道，尹湛纳希有才气，是忠信府的"第一才子",便满心欢喜,并邀尹湛纳希到王府读书学习,以观其真才实学。母亲和忠信府的人听到这个消息都很高兴,攀上一门门当户对的亲戚是件光彩的事情。可尹湛纳希却愁肠百转,以至于不思茶饭,伤心落泪。夜晚,他面对"垂泪"的蜡烛,触动愁思,更加伤心不已,并含泪写了一首诗《咏蜡烛》:

> 生自洁白玉无瑕,
> 心地耿直有才华;
> 只因多情惹相思,
> 泪眼枯干恨无涯。

在当时,尹湛纳希虽渴望婚姻自主,却因长期受封建思想的教育,没有强烈的反抗意识,不能与封建的包办婚姻进行斗争,只能听从"命运"的安排。虽然他有了心上人,可也不得不按照母亲的意愿去办。不久,他便在母亲和六哥的安排下去了喀喇沁王府去读书。临行前,尹湛纳希知道再难以与小梅结成姻缘,便告诉她好自为之,将来找个如意郎君。小梅听了此话知其有变,悲痛欲绝,却也不敢在众人面前表示自己的哀伤,竟变得终日不言不语,愁容满面。据说,小梅一直等尹湛纳希娶亲后才找了婆家。

尹湛纳希在喀喇沁王府居住了两年的时间。色布道尔吉王爷见尹湛纳希确实有真才实学,才学不浅,人又聪明伶俐,便应允了这门亲事。尹湛纳希对王府生活有了较多的了解,对王爷、公主也略有所知。又因是父母之命,不得不从,便也顺其自然,答应了与王府的亲事。母亲见尹湛纳希生活放荡不羁,恐其惹出事来,待到尹湛纳希19岁那年,也就是1856年,就张罗着给他办婚事了。

19世纪中叶的土默特旗,在蒙古族的居民中盛行这样一种婚俗:夫妇双方在结婚的时候必须先到野外去拜火。所谓拜火,就是在结婚的当天,新郎骑马,新娘坐车,到离人家二三里路远的旷野无人处点起一堆篝火。夫妇双方跪拜在火堆前连叩三头,然后再围绕火堆走三圈,以示祭祀。因为蒙古族向来以火为大,所以结婚的第一个程序就是祭火。直到火灭,新郎、新娘由人陪同到男方家里,拜过天地、父母后,便扯着羊腿入洞房。扯着羊腿入洞房是蒙古族传统结婚仪式中的一个重要程序。穿着漂亮衣服的新郎站在洞房门外,静候新娘。司仪在另一处把一只羊后大腿用一块大红布包裹好,交给新娘。新娘搬着这只羊腿走到洞房门口,把羊腿的另一端交给新郎,然后两个人共同拉着羊腿入洞房。拉羊腿入洞房是蒙古族游牧生活的反映,以羊的后大腿象征整只羊,用羊来象征财产、富贵。当时,土默特旗是蒙汉杂居地区,当地的汉族人结婚却是采用另一种形式。婚礼中,除其他程序与蒙古族略有不同外,很大的不同点是汉族人以金蟾，也就是阴干的乌龟作为吉祥和长寿的象征，预示着新婚夫妇"白头偕老，长命百岁"。

尹湛纳希娶的是王府的公主，婚礼一定要办得隆重才显得出忠信府的气派和富贵，况且尹湛纳希是忠信府最小的公子，是满优什妹最后一次为儿子办婚事。因此，她是要竭尽全力为儿子举办婚礼的。首先请算命先生择定了吉日，并与当家主事的六儿嵩威丹精商量，准备按照蒙古族最隆重的仪式来办这件喜事。

这时的尹湛纳希已较为广泛地接触了社会，对蒙古族汉族的风俗习惯有了很深的了解，并产生了吸收汉民族良好风俗习惯的进步思想。他不仅努力学习汉族丰富多彩的文化和艺术，还乐于学习并采用汉族好的风俗习惯。对于汉族百姓的婚俗，他是钦慕的。他总觉得蒙古族婚礼上新郎新娘拽着羊腿入洞房的仪式，既不雅观舒畅，寓意也不深刻。他认为，这个古老而又显得繁琐的仪式应该废弃，而代之以寓意深刻、令人舒畅的仪式。他认为，汉族人用吉祥和长寿的象征物来举行结婚仪式是非常可取的，既雅典大方，又寓意深刻。为此，他决定向母亲提出自己的要求，以汉族人用的"金蟾"为象征物举行婚礼。

当时，虽然土默特地区蒙汉杂居，在文化、风俗各方面互相影响着。但是人们的民族意识仍然是很强烈的。特别是蒙古民族，一向恪守本民族的风俗习惯，并以此为荣。在这种社会环境下，要想改用汉族仪式结婚是不可思议的事情。尹湛纳希这个要求一提出就遭到母亲和兄长的反对。母亲说："结婚的仪式是祖辈流传下来的，不是轻易能改的。尤其是我们这样的人家，人们都眼看着呢！不按祖宗的规矩办事，要遭人非议的。况且，利用汉族人的吉祥物来做象征，对我们蒙族人也不一定管用。"叔叔大爷和兄长们也坚决反对。可是，尹湛纳希非坚持不可。他说："祖辈好的东西我们要沿袭，祖辈落后的东西我们就不该恪守。咱们的老祖宗是骑着马到处游牧，有时甚至用手撕着生肉吃，难道我们现在也要效法？再说，现在正值盛夏，烈日炎炎，扯着一条羊腿放入洞房，弄得蚊飞蝇舞，臭气熏人，还有何吉祥之意？这不是自找苦吃吗？为什么我们非要干这种蠢事呢！"一席话说得大家都默不作声、无言以对了。可是，却没有一个人对此表示赞同。

尹湛纳希对母亲是非常孝顺的，他在后来写的《青史演义》故事回末不止一次地说，自己要去给母亲"请安"、"捧饭"，然后再续写下回。这一方面表现了他对自己母亲的热爱，另一方面也表现了他的孝顺。特别是在父亲故去后，尹湛纳希对母亲深深地同情，并表现了深深的爱。在一般情况下，他是顺从母亲的旨意的。尤其是幼年时母亲对他的教诲，使他对母亲产生了一种崇敬、爱戴的心情。这种心情一直保持到母亲离世。但在这件事上，他却向母亲提出了异议。他知道，母亲也是疼爱自己的，便在晚上向母亲请安时，再次向母亲说明理由，并佯装生气的样子威胁母亲："反正您不答应，我就不参加结婚仪式。"满优什姝虽然笃信祖辈的风俗习惯，也深知改俗学汉会遭人白眼的后果，可她毕竟是有一定文化和修养的妇女，并接受了一些汉族文化的影响，思想比较容易打通。况且她对七儿素来偏爱，又觉得他说得有道理，便嗔怪地瞪了尹湛纳希一眼，说："那就由你吧。可那汉族人用的金蟾就得由你自己筹办了。"尹湛纳希见母亲答应了，高兴极了。因为在这件事上母亲是最有权威的，只要母亲答应了，别人再反对也是无济于事的。他连忙又给母亲磕了响头，转身跑出去，到邻村一个汉族朋友家去借"金蟾"。那个汉族朋友送给他一个"金蟾"，作为尹湛纳希婚事的贺礼。

结婚当天，前来贺喜的人很多，车来人往，川流不息，好不热闹。入洞房时，人们都踮起脚跟，准备看婚礼上最精彩的节目——"夫妇牵羊腿"。还有些人背后悄悄议论：这样的大户人家，准是一个又大又重的羊腿。可令人惊奇的是，来到洞房门前的新郎新娘并没有牵着羊腿，而是由新郎斜背着一个黄色布带，中间系着精致的金蟾。新郎新娘双双跪拜天地后，由新娘牵着背在新郎身上系着"金蟾"的黄布带，笑盈盈地入了洞房。

尹湛纳希弃羊腿换金蟾的行动对当地青年影响很大。此后，许多青年结婚时都学他的样子，还有许多蒙古族青年去忠信府借"金蟾"。以后，忠信府逐渐衰败，"金蟾"转到附近"红顶子"村一个宝姓台吉那里。再后来，这个"金蟾"又转回到尹湛纳希后裔的手中。

尹湛纳希与喀喇沁公主婚后一年，妻子便病故了，给尹湛纳希带来了很大伤痛。此后，他曾以自身的经历为素材，创作了第一部小说《红云泪》，描写了主人公如玉的恋爱悲剧和遭遇。可惜，这部小说并未写完就搁笔了。这部未完成的小说曾在土默特一带乃至阜新、喀喇沁一带青年人中流传。现在，内蒙古博物馆中存有《红云泪》一书的手抄本。

十四、鸳鸯情深

尹湛纳希与喀喇沁王府的公主结婚，虽是父母之命，却因二人曾有所了解，且志趣相投，因而婚后生活很愉快，两人感情也很融洽。公主很钦慕尹湛纳希的才华，亦颇爱他兴趣广泛，琴棋书画样样皆通，因而对他温情脉脉，照顾得无微不至。尹湛纳希见妻子性格温柔，知书达理，且能体贴丈夫，又能一起谈谈史书，论论诗画，很觉其可爱，也对妻子尽力袒护，不使她受半点委屈。两个人生活了一段时间，便恩恩爱爱、心心相印了。妻子怀孕了，尹湛纳希曾为自己很快要做父亲而感到欣慰和些许不安。他尽力照顾妻子，祝愿她平安分娩。可是，天有不测风云，人有旦夕祸福。正当忠信府等待新的一代降临人世的欢乐之际，不幸的事情发生了，尹湛纳希的妻子在分娩过程中丧失了年轻的生命。这一噩耗对尹湛纳希是个沉重打击，使他悲痛欲绝。这种悲痛心情持续了很久仍难以解脱。为此，他曾想削发为僧，身披袈裟，摒除杂念，以超脱自己。可是，他又不愿置身于喇嘛之中。为此，他整日闭门不出，闷头看书写诗，以打发悲哀中的时日。尹湛纳希曾写过一首怀念亡妻的诗，借以表达当时的悲哀心情：

> 弱冠五尺躯，
> 懵懂二十年。
> 慈母恩情深，
> 瑞雪覆大地；
> 爱妻情意重，
> 泰山高平原。
> 幸福，像彩虹忽而消逝；
> 灾难，不知身在人间。
> 几度苦思逃走，
> 想削掉乌黑的长发，
> 是去深山幽谷？
> 还是披上袈裟？
> 凉风拂面，猛悟真谛。
> 济世奢望，全部抛弃。

　　　　志坚谅能铄化金石，

　　　　写几首不能刊印的诗词。

　　这期间，尹湛纳希的母亲见他终日闷闷不乐，怕会闷出病来，便急着找人再给尹湛纳希找个如意之妻。可经人介绍了几个贵族家的闺秀，都被尹湛纳希一一回绝了。这里有两个方面原因：一是新婚丧偶，思念不已；二是在妻子亡故后，尹湛纳希便寻求解脱痛苦的办法，逐渐把对妻子的思念和爱恋转到丫鬟玉兰身上。

　　玉兰是个汉族南方姑娘。其父亲原是地方节度使，因一起官司纠纷，朝廷不问青红皂白，被贬流放大西北，没过两年就病逝了。其母亲因无法忍受当世的欺辱，自寻短见离开了人世。年仅 12 岁的玉兰被迫流落街头，以卖唱为生。后被恶人拐骗，几经周折，被卖到忠信府做了丫鬟。

　　玉兰天生一副洁白而圆润的面孔。刚来时，虽瘦弱的脸上带着几分愁容，却仍有几分姿色，来忠信府几年便出落得像束动人的水仙花。一双泉水般纯净而机灵的眼睛，有着迷人的魅力。红润的嘴唇好像两片带露的花瓣，嘴角两边自然地挂着两个酒窝。满头乌黑的头发梳理成一条光洁的大辫子甩在脑后。身材也纤细匀称，走起路来楚楚动人。虽是奴仆，却未失漂亮女子的文雅和风采。玉兰从小受到父母的熏陶，琴棋书画都略有所通，做事也灵巧麻利。

　　玉兰来忠信府 4 年，深得满优什妹及家人的喜欢。尹湛纳希对玉兰更是非常怜爱，读书作诗时常唤玉兰来研墨、摊纸，就是去田间野外作画也常破例带玉兰同去，闲时还教她些诗文。初来时，见她年龄尚小，常把她当做妹妹看待。这两年，玉兰个子长高了，长成大姑娘了。尹湛纳希把心思转到玉兰身上来，产生了娶玉兰为续妻的念头。为此，他经常唤玉兰到跟前，与玉兰的关系更加密切了。他曾多次向玉兰吐露：我可以没有忠信府的荣华富贵，可以没有贵族的顶戴，唯独不能没有你。玉兰也深为尹湛纳希的真情实意所感动，并暗暗地爱慕着尹湛纳希，倾尽全力照顾尹湛纳希的生活，支持尹湛纳希的学业。北风呼啸的夜晚，寒风凛冽。玉兰在尹湛纳希的书房里为他生好了火盆，沏好了浓茶，备好了夜餐，研好了浓墨，然后守护在尹湛纳希身旁。有时还能帮尹湛纳希查找资料和抄写诗文、推敲文字。在酷热的仲夏，玉兰常陪尹湛纳希到山上或林中纳凉读书，有时两个人还在一起嬉戏。

　　盛夏的一天，尹湛纳希和玉兰来到忠信府后面的棋盘山赏景吟诗。棋盘山是忠信府后面不远处的一座小山，山顶上有一块约 10 平方米的平地。尹湛纳希的父亲在世时，请石匠在平地上凿刻了一个一米见方的石棋盘，棋盘四周安放了四条雕花刻纹的大石凳。当地的一些文人闲客经常聚集到这里对弈。此山因此得名"棋盘山"（至今石雕棋盘还在）。尹湛纳希对此山充满感情。因为在此山上可以静心远眺，以此消烦解闷，令人心旷神怡，文思泉涌。尹湛纳希曾在此见景生情，写过不少诗，构思了不少画面。

一天，尹湛纳希与玉兰来到山上赏景吟诗，甚为快乐。尹湛纳希还画了一幅《山村夏景》素描给玉兰欣赏。天近中午，玉兰催他下山回府。尹湛纳希无意下山，流连忘返，竟又坐在树荫遮掩下的石凳上聚精会神地看起《古文观止》来。玉兰因清晨洒扫庭院，起床早，有些疲乏，就倒在石刻棋盘上朦朦胧胧地睡着了。尹湛纳希看了会书，抬头看见玉兰睡着了，便放下书，走到玉兰面前端详起玉兰微笑而又带着几分娇气的面孔来。只见玉兰肤色白皙、细腻，眼睑微垂，嘴角微微上翘，睡时比醒时更加妩媚动人。尹湛纳希注视了一会，又把目光移开，看见玉兰的两只脚。玉兰一只脚穿着鞋，另一只脚上的鞋已掉在地上，露出洁白如玉、细软如绵的脚掌。尹湛纳希微微笑了笑，觉得挺有趣。一般来说，女子的脚是不轻易露在外面给长辈或男人看见的。如今，玉兰头枕胳膊睡得正甜，把整个脚都裸露在外面还一点也不知觉。想到她平日里扭扭捏捏遮遮掩掩的样子，岂不可笑。尹湛纳希想跟她开个玩笑，便随手拈来一页白纸，贴在玉兰脚心上，用笔勾画了一个脚样，量了脚的长和宽，并把尺寸记在脚样上，还写了8个字："其色如玉，其腻如绵。"随后笑了笑，将脚样夹在《古文观止》书里。玉兰醒来，看见自己掉在地下的鞋子和裸露在外面的脚，脸立刻红了。她偷着瞄了尹湛纳希一眼。尹湛纳希佯做不知，仍在埋头看书，待玉兰穿好鞋子才抬起头来，微微一笑。玉兰见尹湛纳希并不知晓，也就放心了。过了几日，尹湛纳希跟玉兰开玩笑，说自己能掐会算，知道玉兰的脚有多长多宽。玉兰不信，说女孩家的脚，公子怎知。尹湛纳希便把那只脚样拿在手中给玉兰看。玉兰拿眼一扫，看见纸上是一只秀气的脚样，上面还有"其色如玉，其腻如绵"字样，立即想起那日在棋盘山偶尔睡着露出脚来之事，羞得满脸通红，嗔怪地看了尹湛纳希一眼后跑开了。尹湛纳希看着她那婀娜多姿的背影，荡起无限情思……

尹湛纳希曾多次与母亲提起要娶玉兰为妻。可当时，封建桎梏甚重，蒙古族的清规戒律更严。立仆成夫妻，天下耻笑；蒙汉通婚，大逆不道。尹湛纳希当时虽有一些叛逆思想，但受时代和阶级的局限，虽怨而不敢大怒，虽欲而不敢强争。他几次与母亲商量、请求，均受到母亲和兄长的斥责和坚决反对，他于是也就放弃了这个念头。但他对玉兰的感情是很深的，一直把玉兰藏在心底。后来，母亲和兄长怕尹湛纳希"邪念不断"，便背着他把玉兰解雇了，把她转到另一个贵族家去当丫鬟了。

玉兰临行前的那天晚上，带着收拾好的一个小包袱悄悄来到尹湛纳希的居室向他告别。她最后一次为尹湛纳希研好墨，沏了一杯浓茶，又调了调火盆的火，然后在尹湛纳希的对面坐下，说："我明日就走了，公子多保重！"说着流下泪来。尹湛纳希问明原委，异常气愤，说："母亲和哥哥不同意我们的婚事也就罢了，为何以解雇你来惩治我？这太没有人情味了，玉兰哪点对不住他们！"说着一拳砸在桌子上，把墨都震得溅了出来。他见玉兰泪流满面，心如刀绞，拉住玉兰的手，真诚地说："玉兰，你不能走，你怎么能扔下我就走了呢。明天我去请求母亲，一定把你留下来。"玉兰摇了摇头说："不是玉兰心狠，到如今，留下来已经不可能了！"说着又哭了起来。尹湛纳希也知道母亲既然决心已下，再改变是很难的，况且是因为自己的缘故才解雇玉兰的，恐怕求情也无济于事。想到此，便也随玉兰伤心落起泪来。玉兰要走时，尹湛纳希抓住她的手，说什么也不放。就这样，两人相对垂泪，时而面对窗外明月相互叮咛，时而撕心裂肺抱头痛哭。尹湛纳希想到明日即将与玉兰离别，恐难再相见，恨不能用金钗别住天边明月，让这夜的月光永存，让明日的太阳不再复出，便含泪写了一首诗：

三更舍不得你走

惜只惜的今宵夜，
愁只愁的明日离别。
离别后，鸳鸯流水梅花谢。
猛听得，
鼓打三更刚半夜，
霎时窗外月影西斜。
恨不能，
金钗别住天边月。
恨老天，
闰年闰月不闰夜。

　　玉兰看了尹湛纳希的诗，痛哭不已。她把诗藏在怀里，感激地说："只要公子情深意切，永不忘怀，纵便是死了，也无所憾了。"

　　第二天，玉兰离开了忠信府。玉兰离开后，尹湛纳希对玉兰的感情一直没有忘怀。几年后，在一次整理书籍时，尹湛纳希在《古文观止》书页里又看见了昔日剪下的玉兰的脚样和自己写在脚样上的"其色如玉，其腻如绵"几个字。他将那张纸拿在手中端详了好久，玉兰那端庄安详、楚楚动人的身影又出现在眼前，使他不禁想起与玉兰在一起的朝朝暮暮，一种思恋之情油然而生，遂提笔在脚样上写下了这样几行字：

"昔日，余之细（戏）君。夏时，赤一双白足。纳凉之时，余戏以踮此纸上，用铅笔圈下，今日已成杨太真之罗袜也。"

随后又将画有脚样的纸仔细地夹入书页中，独自感伤起来⋯⋯

十五、笔墨生涯（一）

前妻去世 3 年后，在 25 岁时，尹湛纳希又续娶了一个妻子，并于 27 岁时有了长女，29 岁时有了次子其木德卡拉。

尹湛纳希的续妻也是位性格温顺、孝顺贤惠的姑娘，到忠信府几年，与尹湛纳希感情尚好，也深得婆母的喜爱。尹湛纳希在这段时间里仍然不理家政，在尽享妻子儿女天伦之乐的同时，进一步博览群书，知识更加丰富，为他此后的文学创作打下了坚实的基础。

可是，到尹湛纳希 30 岁前后，尹湛纳希家中发生了诸多不幸。同治五年（公元 1866 年），尹湛纳希 29 岁。这年二月，他的五哥贡纳楚克死去了，年仅 34 岁。尹湛纳希挥泪参加了五哥的葬礼，亲自为五哥立了墓碑，选了五哥平生最珍爱的诗铭刻在墓碑上。五哥的早逝使他又失去了一个知己的兄长，尹湛纳希不胜悲哀。夜晚，他整理五哥的遗作不禁泪涟涟，遂写志哀诗一首，其感情真挚，如泣如诉，感人心肺。诗是这样写的：

哭五哥

贡纳楚克五哥愤懑不得志而早逝矣……呜呼，落魄一生，诸事无功，文稿未就，诗集未成，捧诵遗篇，不知泪潸潸之无从也，聊缀数行以志哀。

> 呜呼我五哥，
> 为何生此世；
> 潦倒赴苍穹，
> 暂短三十四；
> 残灯暗如豆，
> 对影更孤单。
> 虽能继遗志，
> 见面登天难。
> 聪明数五哥，
> 知己唯一弟；
> 忽而红残云，

利箭穿胸臆。
生死虽有命，
吾悲不能息。
高音无人识，
卞和抱玉泣。
遗篇尽珠玑，
只弟一人读。
一读一拭泪，
良骥陷穷途。
世上昆仲多，
或成参与商。
唯我兄弟亲，
亲昵暖衷肠。
欣赏四时景，
谈古并论今。
高见略指点，
茅塞顿时明。
并坐书桌旁，
春风抽新柯。
今兄赴苍穹，
何处寻五哥。
入园花增色，
登堂共杯匙。
拊掌索新句，
分题咏好诗。
处世求真率，
嫉恶确如仇。
严峻我家风，
典范后世留。
哽咽读祭文，
聊作超度经。
五哥爱花鸟，
镌刻墓碑新。
兄无亲生子，

唯弟承担之。
兄仇必须报，
总有出头日。
未来弟有子，
令其扫兄墓。
遗志我完成，
九泉望瞑目。
英俊我贡兄，
虽作浮云散。
明智察秋毫，
是非历历辨。
冰霜玉体前，
香灯已寂灭。
五哥知弟心，
佑我成功业。
十五成孤儿，
强迫离开家。
过继去西府，
廿载苦生涯。
上天不绝人，
克承叔伯志。
篱下无生趣，
冷漠三十四。
一日无欢颜，
倏而英魂散。
俗世不识君，
名花风吹断。
慈母与五嫂，
素衣倚灵床。
白衣悠悠至，

噫！呜呼！尚飨！

同治五年（1866）二月十六日夜灯下挥泪书此”。

从诗中我们看到，贡纳楚克虽然过继到诚信府，可尹湛纳希对五哥的感情是极为深厚的。五哥的死使他陷入了深深的悲痛之中。

然而，祸不单行，同治六年（公元 1867 年），尹湛纳希还没有从五哥早逝的悲痛中解脱出来，自己心爱的不满 3 岁的女儿也因病死去了。"可怜天下父母心"，女儿的死给年轻的父亲和母亲以沉重的一击。身怀有孕的续妻受不住这沉重的打击，撕心裂肺的一阵痛苦之后，一下子就昏了过去。待她清醒后，再也未曾打起精神来，体力日渐衰弱。待她终于为忠信府生下了一个公子后，忠信府沉浸在一片喜悦之中。因为忠信府终于有了接续的后代，可年轻的母亲却没有被这喜悦挽救住生命，终于在儿子不满一周岁时合上了眼睛，再也没有睁开。幼稚的孩子一声声喊着妈妈，寻找妈妈的乳汁。可是，妈妈再也不能奉献给孩子乳汁了。

尹湛纳希失去了可爱的女儿，又继而失去了可怜的妻子。看着叫喊着妈妈的幼子，尹湛纳希简直支持不住了。这些不幸一股脑儿压在他的身上，来得太突然了，尹湛纳希一下子就病倒了。在家人的悉心服侍和安慰下，尤其是母亲满优什姝以她那老年人少有的坚强意志感染着他，才使他从病魔中挣脱出来。但他仍然经常思念亲人，慨叹人生。从此，他的性格变得更加深沉了。

在这一年里，还发生了一件不幸的事，忠信府先辈在扎兰营开办的煤矿因经营不善而倒闭了。这样一来断了忠信府一个来钱之道。与此同时，洪秀全领导的农民革命运动影响到全国各地，许多地方农民纷纷起义，抗租抗息。尹湛纳希家中的奴仆也不似先前那样顺服，有的提出多要工钱，有的合伙往外拿东西。忠信府主事的尹湛纳希六哥嵩威丹精为了维持忠信府的声誉，不得不采取宽容政策，给奴仆多支付些。收入减少，支出增多，忠信府的经济状况日趋下降。尹湛纳希的母亲满优什姝年逾古稀，再也没有精力帮六哥操持家计了，整个忠信府只靠嵩威丹精一人支撑。

当时，整个大清王朝已在风雨飘摇之中，对外有巨款赔偿，国力衰竭，民不聊生。在这种情况下，忠信府已无力再恢复元气，只能竭尽全力，使衰落的速度缓慢一些。面对这种种不幸，尹湛纳希思想发生了很大变化。同时，生活方式也有了很大改变，再不是那样悠然自得，无忧无虑地过着闲散生活，而是有意识地走上了文学创作生涯。他在《青史演义》序言中曾谈到过这段思想变化："……这十种乐趣中，我所喜欢的是同我知心的朋友一起到风景优美的花园，在春暖花开的季节，或者在秋夜月光之下，对席而坐，小饮交谈。以一杯清茶、一席趣语、一支檀香、一瓶花束为乐，开怀畅谈，赏心悦目。这样过了几年，深知其中的弊端，实在不少，乃长叹一息，从此也一概避免，倾心于这笔墨之乐。弄笔墨，攻史书，岂是一般之乐……如果久而久之，终于写成书卷长留世间，对于后代学者或许有启发之功。因此，我虽为人笨拙，但我尽愚笨之心，呕心沥血，朝夕奋笔，不怕苦累，不畏病魔，孜孜不倦地写作、翻译、

寻查、批注、论述、吟诗。"(《青史演义》缘起要目之六)

这是他选择笔墨生涯的原因之一。

尹湛纳希之所以选择笔墨生涯,还与当时当地的具体生活环境具有直接关系。当时,土默特一带青年中恶习甚重,而且愈演愈烈,赌博、偷盗、斗促织、吸鸦片者到处都是。这些恶习时常诱惑、腐蚀着青年人。正如尹湛纳希所说:"就是最低贱、最卑微、最穷困的人,他也学会了一种吸毒的方法。他找一个角落躲在阳光下,用一个破酒杯做油灯,把葫芦头扦在麻秆上,人就半死半活地躺在棉絮上一样,或者就像腾云驾雾一样。"(《青史演义》要目之六)

尹湛纳希对此社会弊端和恶习是深恶痛绝的。因此,他告诫自己,不能染上恶习,毁此一生。他曾经说过:"这种闲散生活,时间与金钱消耗甚大,况且今日之环境恶劣,赌钱、斗促织、吸鸦片之恶习弥漫天下,若不务正业,修身养性,一旦沾染恶习,将悔之不及,故余择此笔墨生涯。"现实生活的逼迫使尹湛纳希深刻认识到,不能再随波逐流,虚度年华。从此,尹湛纳希便由过去的由兴趣所致而读书写诗、习文作画,走上了自觉地文学创作的生涯。

尹湛纳希首先有意识地去看《红楼梦》,并立志把这部书翻译成蒙文,介绍给蒙族的文人学者。在熟读、翻译过程中,他进一步认识到《红楼梦》这部被贬为淫书,从而禁止年轻人读的长篇小说的文学价值和认识价值。同时,也使他联想到自身和自家的经历,深深地感到《红楼梦》所描写的贾府与自己所生活的忠信府有诸多相同之处,贾府中的人物及人物命运与忠信府中的人物及人物命运也有相同之点。这给尹湛纳希以很大启发,使他萌发了以自家生活和自己周围的人物为原型写一部书的念头。这个想法在当时是颇为大胆的,因为当时在蒙古族文学史上尚未有用现实主义创作方法创作的文学作品,蒙古文学当时尚未脱离对神话传说和民间故事的依附。因此,尹湛纳希这一创作念头是具有开创性的。

尹湛纳希在《一层楼》的明序中写道:"本书中原无恶媳奸妾之弊,亦无家政内专之失,此其所以略不同于《红楼梦》耳。然琴、炉二人之心不殊钗、黛,而璞玉独恋之意无异于宝玉。况因老太太,金夫人之议,两相方拆,致令璞玉之佳偶虚如望梅者,又何别乎贾母、凤姐之合谋而使宝、黛之良缘幻若画饼者哉?惟本书之言词中,虽稍加文饰,而其事固无虚妄也。凡百年之间,事态竟若同出一轨,此本书所以不能不为钟情者哀怜而长叹息也。"

这里,尹湛纳希首先指出了《一层楼》与《红楼梦》的相同之点和不同之处,然后说"惟本书之言词中,虽稍加文饰,而其事固无虚妄也"。意思是说,这本书只在文字上略有加工,而其中的人物和故事俱是真人真事。从中可以看出,尹湛纳希是对现实生活有所感受,又受到《红楼梦》的启发,才产生了创作长篇小说《一层楼》和它的姊妹篇《泣红亭》的想法的。而现实生活中的深刻感受是他创作的根本动力。因此，他的小说不同于那些封建文人的无病呻吟。

有了以自家的经历和周围的人和事为素材以及创作长篇小说的欲望，尹湛纳希便开始收集材料，并开始构思情节。尹湛纳希在收集资料中，偶然发现父亲旺钦巴勒用汉文撰写的长篇言情小说的手稿。小说以旺亲巴勒的亲身经历和忠信府的生活为原型，以《红楼梦》的创作笔法，叙述了贲侯府的璞玉和三个表姐炉梅、琴默、圣如的深厚情谊和他们之间的爱情悲剧。其中，琴默的名字就是现实生活中旺亲巴勒表姐的名字。小说中的许多故事情节都是有忠信府现实生活根据的。看到这部手稿，尹湛纳希喜出望外。这为他创作以忠信府现实生活为题材的长篇小说提供了坚实的基础。这部书稿因为旺亲巴勒写出了自己与三位表姐感情生活却均未成眷属的爱情悲剧，出于自己的妻子还在世，且感情也很好，不便公开，于是就把书稿收藏起来，没有示人，也没有进行深入的艺术加工。但他精心写出了《一层楼诗》，其中写道："霜落两鬓奈忧何？闲来工诗晚来歌。喜得剪烛展故卷，嚼时犹甘咽时涩。暮雨击窗纸斑斑，晨冷透怀意绵绵。西风乍起花洒泪，珠珠如冰珠珠冤。""形影相消梦魂里，暗映窗前长太息，玉环尚忆往事否？春雨秋风相依依。"诗中写出他在两鬓如霜之时，回首往事，有相聚的甜意，更有分离的苦涩。那情意绵绵、那泪雨斑斑一起涌上心田。他把书稿收藏起来，夜深人静时，"喜得剪烛展故卷"，自己时而翻出书稿欣赏回味。他想待到时机适当时，起码待到《大元盛世青史演义》完成之后再创作这部同《红楼梦》同样感人肺腑的作品。可惜，旺钦巴勒带兵出征，又遇家中与王府的矛盾不幸早逝。《大元盛世青史演义》这部长篇历史小说只写到第 8 回，以自己身世为素材的长篇爱情小说只写了初稿，旺钦巴勒便离开了人世。父亲的书稿是用汉文记述的，尹湛纳希一口气看完并翻译了父亲的书稿，如梦初醒，为他构思《一层楼》以极大启发。在《一层楼》小说的构思中，尹湛纳希受到父亲书稿的启发，对社会的认识进一步深化，对社会的不平现象越来越愤恨，创作的愿望也就越来越强烈，非要立即写出来不可。他在《一层楼》明序中写道："嗟夫！世间才子佳人之遇，差池舛误者岂独红楼一层之属欤？是故编辑之，吟哦之，译书之，又怜然而悲叹之矣。非独一人悲叹而已，愿与同心者共悲叹之。与同心者悲叹之而犹不足，必欲与天下之才子同声共哭之也。"

他这时的唯一信念就是把自己周围的不平、不合理的事情写出来，让大家都来感叹那些不幸的人的命运。于是，他把译了一部分的《红楼梦》暂放置一边，挥笔疾书、夜以继日地创作起来。由于小说有父亲书稿的基础，他又回想起许多自己所经历的或是亲眼目睹的或是听老人叙述的事情，因而写起来非常顺手，仅用了一两年的时间就创作完成了长篇小说《一层楼》及其姊妹篇《泣红亭》。

　　《一层楼》是以贲侯府的璞玉和三位表姐——炉梅、琴默、圣如的爱情悲剧为中心线索而展开情节的。小说中的女主人公炉梅和琴默是璞玉的大母亲金夫人的侄女，圣如则是贲侯的外甥女。这三位少女都先后来贲侯府即忠信府居住过，都与璞玉建立了深厚的感情，也都表现了各自的性格特点。炉梅相貌超群，性格纯真，柔弱而矜持，对璞玉一往情深；圣如与璞玉同岁，性格爽快质朴；琴默长璞玉一岁，性格敦厚谨慎而又刚强开朗，含蓄而又诗文俱佳。璞玉对三位表姐妹都有爱慕之情，却更爱着炉梅的年轻、美貌和纯真炽热，并暗自发誓要与炉梅结成姻缘，白头到老。然而，由于封建家庭内部的矛盾和纠纷，又因封建婚姻制度的阻碍，这三位倾心于璞玉的妙龄少女都未能与璞玉结为夫妻。开始，璞玉的祖母、父亲和母亲都分别在私下为璞玉定了婚约，祖母为他定了琴默，父亲为他定了圣如，母亲则为他定了炉梅。可是后来，璞玉的父亲贲侯为了巴结上层，壮大自己的声势，断然毁掉已定婚约，而娶节度使的女儿苏己为璞玉之妻。而璞玉在当时的社会条件下，在封建制度的桎梏下，不可能按自己的意愿选择心爱的人做妻子，只得听从家长之命，被迫与苏己成婚。可是不到两年，这位多病的苏己小姐便离开了人世，使璞玉的心灵又一次遭到打击。《一层楼》就是以这种悲剧结局结束的。在这部小说中，我们可以看到尹湛纳希的父亲爱情生活的影子，也能看到尹湛纳希自己几次恋爱未能结成姻缘的痕迹。尹湛纳希曾在一首诗中说，《一层楼》中的璞玉是以父亲旺钦巴勒为原型的。

　　《一层楼》的续篇《泣红亭》以浪漫主义与现实主义相结合的手法，描写了璞玉自从原配去世以后，炉梅、琴默、圣如三位少女的消息皆似风吹云散。一日，正值风和日丽，璞玉独自来到荟芳园。园里桃李依然争艳，亭榭依旧，但昔日朝夕相伴之人一个也没有了。他独自吟咏一些歌词后，便躺在绿波亭的石枕上，朦朦胧胧地进入了梦乡。小说的情节以璞玉梦中追寻三位少女的下落而展开。这三位少女与璞玉的婚约解除后，各自的家长都已经以封建的荣华富贵和伦理道德为标准为她们定了终身。炉梅的未婚夫是一个专门从事同外国人做生意的年过半百的"洋商人"。琴默的未婚夫是一个姓宋的知县的儿子，是一个耳聋背驼、奇丑不堪、年近半百的富翁。圣如则未婚先寡，孤独度日。对封建的不合理婚姻的反抗和对璞玉不灭的希望，促使炉梅、琴默二人在成亲之前，一个女扮男装、星夜逃走，一个投江遇救、死里逃生，最后则以璞玉先后娶了三位少女为妻的团圆结局告终。在《泣红亭》的末尾，尹湛纳希写道："茫茫三年事，午梦荒唐语，若考其中实，兔生犄角龟生羽。"暗示出这个圆满的结局只不过是荒唐一梦而已。在封建专制社会里，这种圆满的结局是不可能出现的。

　　《一层楼》与《泣红亭》以锐利的现实主义笔锋，揭露了封建的婚姻制度对青年男女爱情的阻挠和破坏，深刻地批判了封建制度的残酷和罪恶。书中，尹湛纳希以细腻的笔触，描绘了贾府中一群女性的坎坷遭遇，表现了作者对压在最底层的妇女的同情。同时，也表现了他们对自由婚姻的向往和追求。《一层楼》中的女性，不管是深阁闺秀，还是丫鬟使女，大都是纯真善良的少女。她们尽管在封建礼教的束缚下不得自由，甚至有些人的性格受到了戕害与歪曲，但是她们都向往新的天地，憧憬自由幸福的爱情。这是尹湛纳希进步的民主主义思想在作品中的鲜明反映。

《一层楼》与《泣红亭》还深刻地揭示了当时的社会生活画面。《一层楼》中的贾府是当时上层社会的一幅缩影，在繁荣鼎盛的帷幕后面充满了骄奢淫逸、尔虞我诈的罪恶，贾侯的威严，老太太的执拗，贾寅的荒淫，交织成了一张阴森可怖的封建家长制的罗网，笼罩在青年男女和奴仆婢妾的头上，使他们只能默默地承受肉体和精神上的摧残和压迫，而不敢有所反抗。贾府生活的腐化和奢侈也达到了惊人的地步，而这种花钱如流水的生活是靠盘剥榨取农民的血汗而得来的。为了揭示这种富贵不均、腐败不堪的社会现象，尹湛纳希还把视野扩展到荒村僻野，把父亲和自己到农村收租的亲身经历和亲眼见到的农民们不堪沉重的地租剥削而过着卖儿鬻女的悲惨生活情景写进了作品，对封建制度进行了血泪控诉，对清朝的贪官污吏和地主阶级狼狈为奸、涂炭人民的罪行做了尖锐的揭露和谴责。作为出生于贵族家庭的尹湛纳希来说，这无疑是对自己所处社会地位和本阶级的叛逆。这在当时是非常可贵的。因此，尹湛纳希的《一层楼》与《泣红亭》是有着深刻的反封建的思想意义的。

尹湛纳希的《一层楼》与《泣红亭》在蒙古族文学史上占有重要地位，开创了蒙古族长篇小说的先河。在他的创作诞生之前，蒙古族文学史上只有无名氏的短篇小说传世，尹湛纳希是第一个以其现实主义的创作方法，脱离了对于民间故事和历史传统的依附，创作了以当时的现实生活为题材的爱情小说。他的这一成就，丰富和充实了蒙古族文学的内容，开创了民族文学的新形式，提高了文学的艺术技巧，在蒙古文学史上树立了一座引人注目的丰碑。

《一层楼》的创作受《红楼梦》的影响很大。但它绝不是《红楼梦》的续篇和抄本，而是作者根据父亲和自己对现实生活的观察和认识，反映当时内蒙古南部农业地区社会生活的长篇创作。小说中出现的人物、地点和事件都有尹湛纳希家庭和周围环境的真实依据。《一层楼》的书名就来自于忠信府附近的惠宁寺。一层楼一般来讲是不通的。既然是楼就要有两层以上，既然是一层就不能称楼。而惠宁寺恰有这么别具一格的一层楼。惠宁寺的正殿从外面看是一层结构，可内部却有三层，所以也称"一层楼"。尹湛纳希定书名为《一层楼》也是有其深刻含义的。一层楼代表着整个忠信府的生活，外面看是浑然一体，可内部却层层叠叠，矛盾重重，异常复杂。另外，作者推崇《红楼梦》，希望在学习《红楼梦》的基础上创作出一部更优秀的长篇小说，故而沿用了"楼"字，定书名为《一层楼》。

《一层楼》中所写贲侯府正是尹湛纳希故居忠信府的真实写照。忠信府的荟芳园、绿波亭等景物都被如实写入小说中。小说中出现的八角井，至今尚完好地保留在作者故居的后院中。小说中的人物也都是以其真实生活中的人为原型的。主人公璞玉是以尹湛纳希自己和父亲旺钦巴勒为原型的，璞玉与三位表姐妹相爱也是有着真实依据的。其中，琴默的名字是用了旺钦巴勒表妹的真实名字，琴默译为汉名便是"美丽的装饰品"的意思。小说中的故事情节也大多是从现实生活中来，如璞玉娶节度使的女儿为妻、妻儿早亡的情节，璞玉查田收租烧租据、放小偷等情节都是旺钦巴勒和尹湛纳希自己经历过的事情。小说中所描写的故事情节高潮是以当地的传统节日为中心线索的，如春节、元宵节、二月二、端午节、乞巧会、八月节、腊八节等。这些节日至今仍是尹湛纳希故乡人民沿袭的传统节日。小说中，璞玉与姐妹们猜的谜语也都是以当时土默特一带百姓所吃、穿、用的物品为谜底的，如竹帘子、大蒜、袼褙等。这充分说明，《一层楼》有着深厚的现实生活基础，是作者现实生活的艺术再现。

尹湛纳希在这个时期所写的《一层楼》与《泣红亭》，从主体上来说是表现了进步的反封建思想和高超的艺术成就的，但也明显地带有他这一时期思想的局限性。他虽然突破了本阶级的局限，对腐朽没落的封建制度进行了无情的揭露和批判，但这种突破是有限度的，批判也是持保留态度的。尹湛纳希必然不能彻底背叛自己的阶级，更不会主张推翻他本阶级所缔造的制度，而是寄希望于出现"贤才"担负起改善封建制度的责任，以补救那破绽百出的"苍天"。因此，他所塑造的人物都表现出"怨而不怒"的性格。

尹湛纳希当时创作《一层楼》《泣红亭》并未想流芳百世，因为当时这类写男女爱情的小说是被当做闲书来看待的，是难以上大雅之堂的。尹湛纳希之所以写出来，是为了揭露当时社会"凶顽粗鄙者之欲反遂，聪明蕴藉者之业常违"、"白马偏为顽徒骑，佳人倒配愚郎悲"（引自《一层楼》明序）的不合理现象。尹湛纳希的《一层楼》与《泣红亭》写出来后，并未在土默特一带公开给人传看，而是先传到阜新、锦州一带，然后才有传抄本传到土默特。

在《一层楼·序》中，尹湛纳希明确称这部小说是"蒙译凌河地方奇渥温氏荆山先生之作"。《一层楼》是尹湛纳希和父亲旺钦巴勒合作的文学作品。这部作品凝结着两位作家的智慧和心血，成为蒙古族以现实生活为题材创作的第一部长篇小说，成为蒙古族现实主义文学的开山之作。由此，可以毫不牵强地确定，旺钦巴勒和尹湛纳希都是蒙古族长篇历史小说、现实主义长篇小说的开创者。

十六、笔墨生涯（二）

尹湛纳希写完了长篇小说《一层楼》《泣红亭》以后，便开始继承父亲的遗志，撰写《大元盛世青史演义》这部长篇巨著。那已是 1870 年，尹湛纳希 33 岁。尹湛纳希在《大元盛世青史演义》的缘起要目之二中写道："台吉尹湛纳希我从 30 岁那年开始命运多舛，家里使用的家奴们百般设法偷窃资财，再加上外面生意萧条，贴本失利，庄稼歉收，内部则妻儿早死，家奴昌明、金宝等人暗偷明夺，百般祸害，凡此种种，诸事不顺。到了 34 岁那年，我面对种种不幸，心里窝火，越想越气，怒不可遏，几致成疾。后来转念一想，上有七十高龄的母太君，下有不满六岁的幼儿，还有祖传的事业，以及先人留下的众家奴，千万不可疏忽大意，又勉强应付了一年的厄运。为了安慰自己就去翻阅古书，从此又起了这样的念头，就是把先父没有写完的这部《大元盛世青史演义》续写出来，让所有人都能知道自己的历史。这一念头，恰好与我过去的心愿相吻合。"

尹湛纳希这段话可以说明，父亲旺钦巴勒生前构思了《青史演义》这部鸿篇巨制，并且已经完成了《青史演义》的前八回。旺钦巴勒把撰写《青史演义》看得比生命还重要，甚至在遗嘱中也要向几个儿子再三叮嘱。

尹湛纳希继承父志撰写《大元盛世青史演义》是在身运不济、家境衰败的情况下开始的。尹湛纳希除忍受着妻死儿亡的个人遭遇外，还清楚地看到了当时的内蒙古卓索图盟一带正经历着的激烈的社会变迁："风吹草低见牛羊"的游牧生活已成为过去，大片牧场变成了农田，王公的特权依然存在。代表着农村的主要经济关系的地主和佃户的矛盾日益尖锐。特别是随着商品货币关系的发展，财产所有权的转换越来越频繁。少数人的暴发带来更多的人的破产，一些破产贵族也被挤进了破产者的行列。王公、地主、商人和高利贷商都在吸吮蒙汉劳动者的汗血脂膏，封建义务、差钱、地租、高利贷盘剥压得劳动人民濒于窒息，有的典卖子女，有的逃奔他乡，旧的封建秩序已经走向溃烂。无以谋生的许多蒙古人、汉人联合起来铤而走险，出现了打劫行商、威胁官府的"马趟"。社会动荡不断激化，阶级矛盾日益加剧。王公和官吏惊愕地看着这一切，但一味坚持旧的统治方式，昏聩无能，冥顽专横，完全成了社会的赘疣。这正是历史上的一个痛苦的时期。封建制度早已千疮百孔。但是，消灭它的历史条件尚不具备。这一社会状况反映在尹湛纳希的头脑中，使他感到迷惘和纠结。他虽然感到这个社会越来越难以救药，却找不到出路。这是由他的阶级局限性决定的。但他作为一个有知识、有见地的热血青年又不甘于此，苦苦地思索着、探索着，幻想着"以拙才补苍天"，拯救社会，从而挽救自己家庭的衰落。先父在时，他常听先父讲先祖成吉思汗的故事，并曾与父亲一起期待着有一位像成吉思汗那样的圣祖出来拯救衰世。他曾立志写出大元盛世的历史以唤起民族的觉醒。他与大哥、五哥和六哥都曾试着续写过，后来因资料不足，几次搁下笔。现在，尹湛纳希家境日趋衰落，屡遭不幸，使他对社会的认识进一步加深了，又激起了强烈的创作欲，觉得非把蒙古族的历史写出来不可。经过几年的酝酿，尹湛纳希终于下定决心，续写《大元盛世青史演义》。

1870年，尹湛纳希开始着手撰写这部巨著，并在这部著作的开头写了《大元盛世青史演义》缘起要目，说明了撰写这部著作的四点理由：

第一，就是要让蒙古族人懂得自己的历史，明确自己的根基。他说："在我们蒙古人的三百多个旗、县中确实有不少文人才子。"他们"对于古代的故事和现代的法典都了如指掌，对于五千年以前的三皇五帝乃至夏、商、周、秦等国以及西汉、东汉、宋、齐、梁、陈、隋、唐、北宋、南宋、金、辽等国的历史也知道得一清二楚，但对于本民族蒙古人的历史却一窍不通"。"今天，对于开创元朝国基的成吉思汗之如何称帝和如何去世以及他如何奔波66年创建天下这些重大事件，很多人至今一无所知。这难道不令人痛心吗？"(《青史演义》缘起要目第5页)他认为："人类不懂得自己的宗族起源，不知道自己祖宗的事迹、姓名，那么就算他通晓天文地理，精通世道、人情，那也只等于把一拃长的木头放在楼房的大梁上，硬说它比楼房还高，而其根本不懂得根基一样。"(《大元盛世青史演义》缘起要目第30页)他对那些不懂得祖宗历史的王公贵族是深恶痛绝的，甚至给予痛斥和谩骂。他说："一个堂堂的男子汉大丈夫，居然不知道自己的祖宗，那简直不如畜生……有眼睛而不看自己祖宗的历史，简直是熊瞎子！有知识而忘记自己的来历，简直不如蠢猪！"(《大元盛世青史演义》缘起要目第14页)

第二，他认为，蒙古民族之所以衰落，是由于"贪图安逸"、"好高骛远"，"想成佛反而成了废物还不醒悟"。那些被清廷加封的王公、贝勒、贝子又是些"文不读诗文，武不下教场的败类"，"他们的祖辈给他们留下充足的家产，于是他们忘乎所以，随意挥霍；他们一旦失势破产，就会变得非驴非马，非人非鬼，他们得势一天便挥霍一天"。尹湛纳希认为，这是与成吉思汗时代的亢奋精神大相径庭的。为此，他要写成《青史演义》，以提高民族的自信心，振奋精神，复兴民族。

第三，他对明代以来，汉族史学家所撰之元史极为不满。他说："当他们撰写蒙古大事记的时候，虽然举不出蒙古国的大恶之处，但面面俱到，无一遗漏，在年表和考记中从偏心和嫉妒出发，把蒙古的好处和坏处都作了描绘，字里行间还有讽刺之意。虽然举不出什么大过、大错、大恶、大罪，但把下臣说的话安到君主的身上，把世俗的传说附在真事之后，胡说蒙古国的太祖太宗讨伐某某国的时候杀死了多少多少平民百姓，攻打某某地方的时候破坏了多少个府州县，以此诬蔑蒙古人残暴不仁，因而就把毫无偏私的学者朱熹所撰写的《资治通鉴》变成了充满泼妇骂街的东西，达到了歪曲事实的顶点"。"信口胡说蒙古人如何如何坏，如何如何凶，如何如何不仁，如何如何无知。事情很清楚，这就是汉人史学家从他们的嫉妒之心和小人的偏心出发，任意诋毁正史的大罪。"（《青史演义》缘起要目第31页）"元朝十四帝，一百六十二年之天下，却减去六十八年，诋毁北方蒙古无百年天下。这是这些史学家们片面狭隘、嫉妒自私之所致。"所以，他要亲自动手，发奋编一部蒙古史以飨读者。

第四，尹湛纳希鄙视那些虽大富大贵却无所作为的行尸走肉，不愿虚度一生，愿以自己的著作留名青史，为世人缅怀。他说："唉！如今的富贵人家即大富大贵者，日复一日白白度过时光，好则活到七八十岁，最后一朝死去，就像香烟一样无影无踪，为世人所遗忘。与其这样倒不如留名青史，万世为人缅怀更好一些。假如自身懒惰，或者学问不佳，那么宁可花几文钱，厚养隐居的文人学者，让他们把古今的典籍翻译出来，印出几部，就自然而然流芳百世。这样既无损于家境，死了也没有白度时光。这些不是一举两得的长远之计吗？金银珠宝，家园田产，终有一天会到别人的手里，只有这样史书智慧别人是无法夺取的。同时，这些东西也无助于平民百姓的生活，因此它不会被人吃掉，而变成屎尿。用它糊窗户堵门帘又嫌太暗，拿它擦东西盖酒坛又恐太薄，不结实牢靠。所以，它定然可以与世长存。只要能够长存下去，还怕它不会遇到有见识的学者嘛！"尹湛纳希选择了笔墨生涯，并将自己的著作与世长存作为自己的追求。

以上几点便是尹湛纳希下决心撰写《青史演义》的原因和动力。

尹湛纳希为了写成这部书，倾注了后半生的全部心血，连续奋斗了20年，直到逝世前还在修改润色这部书。

尹湛纳希写作态度非常严谨。续写这部书之前，他收集、整理、翻译、阅读了大量的历史资料，其中有与蒙古历史有关的史书、传记、故事、汉文典籍、满蒙文史资料和从藏文、维吾尔文译出的各种卷帙、奏折、杂记等。然而，当时史料虽多，但这些书籍、资料记载的有关元朝的历史都不是很系统，也不很详细，有的还互相矛盾，尤其是一些人名、地名和将帅名称错误百出，很难辨认，即便是一些历史故事也其说不一。因此，要把这些资料整理出头绪是有很多困难的。当时，尹湛纳希所收集到的元朝典籍和正史的书籍大多是从维吾尔文译成汉文，再由汉文译成蒙文和满文，还有的是从蒙古文和古维吾尔文译过来的。因此，许多词语"蒙古人根本无法辨认，尤其是许多蒙语被汉语拼写出来，以至于字不成字，句不成句，加上用旧满文翻译时又有许多错误，这样就造成了好几层错误，简直是谬误百出，举不胜举"。每当遇到这样的疑难问题，尹湛纳希都要把原来的字样找来，反复琢磨推敲，然后重新翻译出来。有时遇到一个古蒙语词汇，不知它的意思，往往跑遍远近村庄请教年迈的老人。因为当时卓索图盟的许多文人学士都用汉字，很少有人懂古蒙语。为了把先哲的书读懂弄明白，有时尹湛纳希竟跑到北京白塔寺去请教，直到弄懂弄通为止。有些书籍当时还没有译成蒙文，尹湛纳希便从头翻译。有时也求助于六哥。《朱子通鉴纲目》是一部重要的历史书籍，是南宋朱熹根据司马光《资治通鉴》《举要历》和胡安国《举要补选》等书，本着儒家纲常名教，简化内容，编为纲目的。全书共五十九卷。这部书是用汉文写的，尹湛纳希不知道从头到尾看了多少遍，对于记录元朝的有关内容可谓烂熟于心。为了便于参考和撰写《青史演义》，尹湛纳希请六哥嵩威丹精用晚上时间，将这部分翻译成蒙文。对《通鉴纲目》中所写的有关大元朝的历史事件，尹湛纳希都认真查阅其渊源、时代、年月，直至把事件的来龙去脉搞清楚。

尹湛纳希为了写出《青史演义》，已经到了不顾一切的地步。他在《青史演义初序》中曾说，为了撰写这部书，"凭着笨拙的智力，废寝忘食，不辞辛苦，夜以继日地审读十部史书，查对核实史略，弄得头昏脑晕几乎发疯。在这期间，凭着愚智呕心沥血，靠着老眼博览群书，仗着浅知查找人名、地名，依着微力提笔续写。不管坐着还是站着，不管白天还是夜晚，总是悬念于心；不管在家还是出门，不管饭前还是饭后，笔墨总是不离身边。看了又看，读了又读，生怕什么地方遗漏了史事本末和重要的词句。如此反复核对，几乎到了两鬓挂霜、满额皱纹、肉掉筋弛的地步。"

尹湛纳希为写《青史演义》做了充分的准备，弄清了成吉思汗活动的历史年代和有关的历史事件。但这还不够，要用文学形式再现历史，必须要了解当时当地的风土人情、生活习惯。只有掌握这些，才能写出感人的作品。于是，他决定沿着成吉思汗的足迹去漫游，决心行万里路，访千万名贤，以便为续写《青史演义》做更加充分的准备。

1871年，冬天降临了，卓索图盟一带到处白雪皑皑，寒风伴随着残雪，凄凉伴随着忧伤。尹湛纳希告别了六哥及家人，带了一些盘缠以及伴随他十多年的书童巴图上路了。沿着成吉思汗及其部队征战统一蒙古各部的足迹，开始了艰难的旅程。

蒙古最早的名称叫"蒙兀室韦"，住在额尔古纳河的东岸，是室韦部落联盟的一个成员。在蒙古人中始终流行着一种认为自己的祖先来源于额尔古纳，后来因为人口的增殖和畜牧业的发展，才西迁到漠北草原的传说。蒙古族的发源地是在今额尔古纳河东部一带，成吉思汗的先祖世世代代就生活在这里。蒙古族的先人们在这里繁衍生息，放牧牛羊，自成部落——乞颜部。

1162 年 7 月的一天，斡难河畔降了一场洁白而透明的"乳雨"。雨后，天空出现了一道银色的长虹。斡难河河水清澈透明，鱼儿跳到水面上欢快地跳跃着、嬉戏着，花草上挂着银色的水珠，没有一点灰尘，纯洁的世界出现了。

也速该巴特尔和夫人诃额仑带着近身侍女在斡难河河畔野游。他们一路观花赏景，忘记了疲劳。浓郁的芳香吹来，真让人们陶醉。这时，忘记自己已经临近产期的诃额仑夫人深深地吸了几口香气。突然，腹部一阵阵作痛。她知道已经来不及回家了，于是由侍女搀扶着她，来到一棵避风的龙爪树下，不久孩子降生了。这孩子就是后来统一蒙古各部的一代天骄——成吉思汗。

尹湛纳希主仆二人，带着他草拟的中国地图，朝着东北方向，走啊！走啊！大山深谷、饥饿寒冷伴随着他们。没有客栈，他们就露宿在破庙里。就这样，他们整整走了 3 个月，终于来到额尔古纳河河畔，来到斡难河河畔，来到成吉思汗降生的地方，来到十三翼之战、阔亦田之战的战场。

文化落后的蒙古地区，没有书面文字的记载，更没有书籍传抄。历史上的传奇故事，只能以口头说唱的形式流传着。乞颜部的第四十四代子孙巴特尔曾遍游蒙古各地。他以说书演唱为生，嗜好骑射舞剑。他虽然孤身一人艰难度日，却以说书演唱、骑射舞剑、侠义豪爽、通晓古今而在当地颇有名气。尹湛纳希决定去拜访这位老者。但是，巴特尔向来孤傲，性格怪异，难以接近。尹湛纳希决心和他结为"安达"。尹湛纳希主仆二人白天帮助老人干活，晚上听老人说书、演唱。相传，尹湛纳希出色的马头琴和说书演唱技能就是这个时候学会的。时间一天天、一月月地过去了，尹湛纳希终于和巴特尔老人结为"安达"。后来，经老人同意，他们主仆二人搬到了老人那里去住。

尹湛纳希主仆二人热情周到地照顾着老人，并认真地记下老人说书演唱的每一个唱段。老人深受感动，愿意把自己知道的一切倾囊相授。老人讲了成吉思汗的祖先，讲了成吉思汗的出生，讲了"梦中海青鸟""五箭训子""十三翼之战""阔亦田大战""千头蛇与千尾蛇"；讲了成吉思汗联络各部，自立大汗，征服篾儿乞惕，结识"安达"木华黎，征服太阳汗，设计劫回孛儿帖夫人，最后统一蒙古各部，在像沙子一样的蒙古沙漠上，终于把沙子攥成了团。

巴特尔老人领着尹湛纳希沿着蒙古族发源和成吉思汗联络各部、打败塔塔儿、战胜扎木合的路线，走啊！走啊！他们走了整整两个春秋，访问了上百名士学者，从当地牧民那里收集了上千首诗歌、民谣、故事和传说。

尹湛纳希在老人的指引下，攀千尺崖壁，行万峰山顶，饥渴劳顿、筋骨疲惫仍矢志不渝。他们渡过额尔古纳河，翻越额尔古纳山，沿着斡难河、克鲁伦河两岸，穿过荒无人烟的茫茫草原。为了完成先父的遗愿，为了伟大的抱负和志向的实现，道道难关，他们都突破了。繁杂纷沓的古代历史人物和变迁无端的地理位置的疑惑终于解开了，头绪理清了，并亲眼目睹了内蒙古各地的生活习惯和衣着服饰等生活的各个方面，增加了难得的感性知识。尹湛纳希主仆二人高兴地踏上了返回家乡的路程。但是，意外的事情发生了，书童巴图不幸中途染上瘟疫死去了。尹湛纳希含泪安葬了跟随自己多年，既是仆人，又是"安达"的书童。在只身回家的路上，尹湛纳希所带的盘缠用光了，只好典卖携带的衣物。衣物当尽了，只好沿街乞讨，露宿街头。在一个春光明媚、景色宜人的春夏之交，尹湛纳希终于回到了阔别 3 年之久的家乡——忠信府。

十七、青史演义

尹湛纳希艰苦奋战 20 年，终于写出了不朽的著作《大元盛世青史演义》。《青史演义》是用蒙文写成的一百二十回长篇章回小说，现存六十九回。正文前有原序一篇。缘起要目十二篇，现存八篇。全书共七十八万字。前三十回回末有批语，回前有提示性的四句诗。从三十一回开始，尚未及写出回批和回前的提文诗。

《青史演义》是一部叙述蒙古历史的文学作品，也是一部史诗性的文学巨著。尹湛纳希在《大元盛世青史演义》缘起要目中，以 3.5 万字的篇幅较为详尽地介绍了自己撰写《青史演义》的缘由、目的、写作方法和写作过程，提出了自己研究历史、观察社会的角度和指导思想以及写作方法。

《青史演义》是在大量史实的基础上，运用传记文学的手法进行艺术加工的。书中描写了从 12 世纪后半叶开始，蒙古族的兴起、内部的斗争及统一中国北方民族以至全中国和向外扩张的历史故事。故事涉及 1227 年成吉思汗逝世以及窝阔台继位后 9 年的历史过程，总共写了七十四年。现存的六十九回书中，前五十五回写的是成吉思汗的历史，后十四回写的是窝阔台继位后的历史。故事线索按编年的顺序发展。故事中描写了许多宏伟的历史演变的生动场面及多方面的社会生活，塑造了一系列栩栩如生的历史英雄人物和反面人物形象。在历史事件发展过程中巧妙地穿插了一些民间故事和历史传说，并创造了许多脍炙人口的故事情节，补充了历史记载之不足。因此可以说，《青史演义》是编年体和演义体相结合的形式独特的长篇小说，是尹湛纳希的独创文学，是尹湛纳希成功的代表作品。

作者在《青史演义》中热情地歌颂了成吉思汗的伟大功绩，塑造了成吉思汗这一"贤明"君主的形象。尹湛纳希笔下的成吉思汗以自己的智慧和力量领导蒙古士兵拯救了水深火热中的人民。他与士兵有衣同穿，有马同骑，祸福同当，慷慨助人，不仅奖励有功将士，还用国库物资救济遭受扎木合军祸的苦难百姓。他依靠自己雄厚的军事力量，用征战的手段，建立了统一的君主国，使饱尝战火煎熬的各部落人民得以安居乐业，使生产力得到发展，从而推动了历史的前进。成吉思汗作风民主，听得进逆耳之言，犯了错误主动自罚。尹湛纳希塑造成吉思汗这个理想的典型，寄予了他自己的愿望，热切盼望自己的时代能出现一个像成吉思汗那样的民族英雄，复兴民族精神，摆脱民族压迫。

《青史演义》中还赞美和歌颂了普通人民的高贵品质和超人的智慧，塑造了一系列聪明、善良的普通人的形象。牧童出身的青年赛汗苏尔塔拉图，才华横溢，智慧过人。他通晓四种语言文字，主管帝宫文书工作。在成吉思汗遭暗算时，他巧妙地揭穿敌人的奸计，并将计就计，将敌人用以毒害成吉思汗的毒酒毒死了敌人的岳父，保护了成吉思汗的安全，显示了劳动人民的智慧，表现了尹湛纳希对贵族阶级的叛逆思想。

《青史演义》还塑造了一些机智勇敢富于美好感情的妇女形象。例如，反对掠夺战争、向往安定太平的索伦高娃，花木兰式的女英雄洪古尔珠兰，善断奇案、为国捐躯的月亮公主。这些光彩照人的形象充分表现了尹湛纳希尊重妇女社会地位，赞扬妇女伟大作用的民主主义思想。

《青史演义》还反映了人民群众和统治者之间的尖锐复杂的矛盾斗争，暴露了统治阶级内部各集团之间的纷争，间接地表达了蒙古族人民反抗清朝封建统治和帝国主义殖民地统治，反对分裂祖国、破坏民族团结，向往民主平等生活的美好愿望，充分表现了尹湛纳希的民族民主主义思想。

《青史演义》这部巨著除在内容上表现了尹湛纳希的美好愿望和民主主义思想外，在艺术成就上也达到了蒙古族近代文学的高峰。其突出特点是人物形象塑造达到了具体可感性和思想倾向性的完满的结合，既鲜明、生动，又真实可信。在结构上，结构宏伟，脉络清晰。小说的故事情节以扎木合与成吉思汗之间、成吉思汗与当时社会之间的矛盾为主线而展开。全篇大致上以每一年的历史作为一章，每一章中以两个最生动的故事为中心，创造出妙趣横生的场面。作品中还穿插了几对青年男女的爱情生活故事。小说的情节曲折生动，跌宕起伏，既富于变化又主次分明，首尾衔接，和谐优美。小说在语言上也是颇具特色的，主要特点是新鲜、生动、简练并富有节奏感和音乐美，精巧地融民间故事、民歌、好来宝、祝赞词、谜语、格言、成语等蒙古民族说唱文学为一体，散韵结合，读来清新、流畅，朗朗上口，充分体现了尹湛纳希作为蒙古族语言大师的卓越才华。

正是由于《青史演义》的思想性和艺术性的完美统一，使这部巨著深受蒙古族人民的欢迎，在蒙古族人民中间起到了唤醒民族意识的作用。就是在历史发生了翻天覆地变化的今天，对于我们了解古代蒙古社会，了解蒙古人民的苦难生活和勤劳、勇敢、智慧和斗争精神仍具有一定的认识价值。

尹湛纳希在25年的创作生涯中，不仅写出了在蒙古族近代文学史上独树一帜的爱情小说《一层楼》《泣红亭》《青史演义》，还创作了许多诗歌、散文、杂文、家谱等，同时还翻译了《红楼梦》《中庸》等书籍。据不完全统计，现已发现尹湛纳希的著作、手稿共 200 余万字。尹湛纳希的诗歌现存 70 余首，从内容上和艺术上都是丰富多彩的，有的清丽、委婉，有的质朴、流畅，有的含蓄、婉转，有的明朗、热烈。这些诗歌同他的小说一样，不仅是蒙古民族文学宝库中灿烂夺目的瑰宝，而且也是中国近代文学宝库中熠熠闪光的明珠。

十八、落叶飘萍

在尹湛纳希20多年的创作生涯中，有一位知心人一直陪伴着他。这就是他曾爱恋过的白玉兰。尹湛纳希第二个妻子亡故后，他没有再续娶。他说服母亲，把被解雇的丫鬟白玉兰招进忠信府服侍他，与他终生相伴。白玉兰自从离开忠信府后一直未嫁他人，而是一直思念着尹湛纳希。这次重进忠信府使她感慨万分。但尹湛纳希并没有正式与白玉兰结为夫妻，因为当时尹湛纳希受所处时代和社会环境以及思想的局限，还不敢违抗母亲的意愿和"冒天下之大不韪"。但两个人一往情深，终生相伴。在尹湛纳希20多年的笔墨生涯中，玉兰起到了不可忽视的作用。玉兰对于尹湛纳希来说是一个不可多得的知心朋友，也是尹湛纳希在连失五哥、妻子、女儿的沉重打击下，能够顽强地著书立说的一个精神支柱。虽然尹湛纳希在这25年创作生涯中是非常刻苦的，有时也累得筋疲力尽，但他在近晚年时的生活是愉快的，信念是坚定的，身体也是健壮的。可是，正在他倾心于文学创作时，一场厄运降临在他的头上。

光绪十七年即公元1891年秋，金丹道（也称"闹小好"、"学好会"）在敖汉旗起事，"学好会"事件从敖汉旗一直波及到喀喇沁和土默特左、右旗。忠信府在这次战乱中遭到毁灭性的破坏，尹湛纳希被迫携带家眷离开家乡，避难锦州。

"学好会"是当时卓索图盟一次规模宏大、波及范围较广的历史事件。在此之前，卓索图盟一带地方也曾先后爆发了一系列各族人民的反封建斗争。1861年，卓索图盟土默特左旗（辽宁省阜新县一带）的广大农奴，为了反抗名目繁多的苛捐杂税和旗扎萨克（旗长）的残酷压迫，在绰金太和那木萨赉的带领下，揭竿而起，组成了"老人会"，与封建势力展开了激烈的斗争。这次斗争席卷了整个东土默特旗，历时5年之久，参加的人数达数千之众，其中主要是广大农牧民和一些下层喇嘛，也有个别破产贵族。

"老人会"的兴起是清朝统治者及蒙古王公、塔布囊（封建贵族，原意为驸马）及其官吏对广大人民残酷压迫剥削的结果。该旗的王爷散巴勒诺尔赞（俗称"散王"）是一个生活奢侈、荒淫无度的酒徒，人皆称之为"朝克图诺彦"（醉王）。他每天喝酒至醉，胡作非为。为了满足自己奢侈生活的需要，大量搜刮民脂民膏。首先是无休止地增加差税。正像一首民歌中所说："文王所定税课制，仅向民众课十贯。散王乱法改定律，庶众负担九十贯。"除此之外，该旗苛捐杂税种类繁多，除壮丁税外，还有分地税、祭祀费、年贡贡品、朝觐费、驿站费、旗兵饷、地方费以及旗扎萨克（旗长）晋爵升级、生辰寿诞、生儿育女等种种税目。更令人痛心的是，封建贵族任意挑选俊男美女做包勒和尹吉（家奴）。例如，七家之村有一户塔布囊竟占有包勒和尹吉100多人。他们对包勒和尹吉任意蹂躏，稍不如意就处死。在清朝统治者和蒙古封建王公的压迫剥削下，阿拉巴图（平民）既无可耕之地，又无可牧之畜，卖儿鬻女、逃荒要饭者不计其数。广大平民走投无路，只好奋起斗争。正像一首民歌中所说："七旬老人亦难忍，扶杖群起来抗衡。太阳挂在高空上，照遍人间明又亮。那颜二人共相议，和他散王同谋叛。"至此，以老年人（蒙古族敬重老年人）为领袖，也有青壮年人参加的"老人会"组织起来，领导平民拒绝交差纳税，而且还向各营村的塔布囊等有地富户派钱要物，分给贫苦人民，一些被强占的包勒和尹吉也被解救归家。从此，"老人会"声威大震。各地的封建势力及塔布囊等见"老人会""人多势众，莫敢谁何"，被迫作出某些缓和阶级矛盾的让步，在某种程度上减轻了人民负担。后来，"老人会"遭到清廷热河都统、卓索图盟长的联合镇压而失败。但"老人会"的影响是巨大的，显示了人民群众的伟大力量，鼓舞了人民的斗志。此后，还爆发了以白凌阿等为首的卓索图盟喀喇沁右旗的抗清斗争和以常旺等为首的土默特右旗劳动群众反对劳役、抗交地租的斗争。

"金丹道"事件是继"老人会"后，于1891年首先在敖汉旗爆发的，后来波及到土默特旗。敖汉旗在土默特旗的西北部，属敖汉部。敖汉旗也是蒙汉杂居地区，先祖从呼和浩特迁到这里，后来有些汉族人（或是能工巧匠，或是随嫁来的汉族奴仆）来到这里居住，并加入了蒙古籍。因此，当地称祖辈是蒙族的叫"真蒙古"，后来加入蒙古籍的叫"随蒙古"。最初移居牧区的汉族人都依附于蒙古人，正如农业地区的少数民族遭受大汉族主义的压迫一样，游牧地区的汉族人民也遭受地方民族主义的欺侮。据说，初到牧区的汉人如果不入蒙古籍，可以动辄获咎，除了砍柴不许越界、牧养家畜不准出圈外，并且有蒙古地痞流氓随便闯入汉族人家中索要财物。敖汉旗是个汉族移民比较多的地方，大多是山东的移民。为了便于汉族人在一起活动，在敖汉贝子府附近的陈姓店，由汉族医生杨月清发起组织了"学好会"，当地以至其北一带村庄的汉族人大多都加入了"学好会""学好会"开始是劝人吃斋行善，并规定有十条戒律，即：一不许剃头；二不许用烟酒；三不许奸淫邪道；四不许赌博；五不许隐匿胡人；六不许强抢民财；七不许忤道不孝；八不许宰害牛羊；九不许仗势欺人；十不许信仰邪教。因为"学好会"是教人行善学好的，所以当地人称"学好会"。教徒近的一月一聚,稍远些的则一年一聚。聚会时,主要检查教徒活动情况和研究教义。

敖汉旗贝子府位于忠信府北面一百多里处,附近有一座东西200里、南北50里的大黑山,山上埋有康熙皇帝嫁给翁牛特部和喀喇沁部的两个公主。蒙古王爷借此禁止汉人上山砍柴。因当时敖汉旗一带没有煤矿,百姓们只能以木柴做饭取暖,因而常有人不顾禁令,趁人不备进山砍柴。

1891年秋的一天,一个砍柴的汉族人被贝子府的兵丁衙役抓捕,用树枝插入砍柴人的肛门,然后把树枝绑在树上示众,最后把砍柴人抛到空中处死,手段极为残忍,从而激起了民愤。"学好会"首领杨月春和齐老道等以此为由,聚众起事。这件事是起事的导火索,更主要的原因是敖汉贝子府的贝子等贵族统治者横行无忌,作孽颇深所致。据徐愚忠年谱记载:"推此乱之由生也,固是道匪包藏祸心,亦府中人平昔行为有以阶之厉耳。闻老贝子为人,平生尚无大过,但其年已六旬,久不问事。生有四子,大贝子,人尚忠厚,颇有武艺。次亦好,更不问事。三为喇嘛,久已出家,故免于难。惟四喇嘛人最苛刻,勒增汉民租价,侵夺人家生产。本已出家,旋又还俗娶妻,居常行为,每不满人意,府中人又不免倚势,致百余里中,无人不怨。虽为劫数当然,而此则不能不归于人事矣。"这段话清楚地说明敖汉贝子府的贝子积怨已深,因而"学好会"便借贝子府兵丁处死砍柴汉人为由,揭竿而起,举行起事。

"学好会"起事前做了较为充分的准备,先将贝子府前后各铺布匹并桑皮毛头等全行买尽,以布为头巾,以纸为护心,并备足了枪支弹药和其他兵器,贴出了布告,于1891年9月10日夜间正式起事。"学好会"的政治口号是"灭清扫胡"。开始起事时只有数百人。"学好会"首先攻打的目标是敖汉贝子府。当时,敖汉贝子势力很大。该处十一旗盟长得知"学好会"要攻打贝子府时,调集了大量蒙古兵守卫。"学好会"开始攻打贝子府时,蒙兵并力抵御。经过两三个小时的战斗,"学好会"火药将尽,待送弹药的车急速赶来时,突然有火星落到火药车上,将火药燃起,"学好会"起事者四五人被炸药抛在半空中,并带着浑身火焰落入贝子府中。贝子府守卫的蒙古兵以为是什么法术,惊恐万状,四处逃散。随后,贝子府被攻破,贝子府亲丁23人被打死,唯有小贝子一人越墙而逃。贝子府房屋数百间被烧毁。"学好会"首战得胜,声威大震,几日内由几百人发展到几千人以至几万人。不久后,"学好会"又先后攻下了土默特、喀喇沁等王府。

这期间,"学好会"的成分变得复杂了。其中有些人受了挑拨,改变了初衷,喊出见蒙古人"格杀勿论"的口号,由阶级矛盾变成了民族仇杀。一些人见了蒙古人就杀,见了蒙古人居住的房屋就烧。当时,敖汉、喀喇沁和土默特的好多蒙古人都跑到科尔沁部，谓之"跑学好"和"躲学好"。也有的蒙古人家把妇孺们藏匿在山上，留一个人在家中藏在避人处观察动静。

忠信府当时虽已日趋衰落，但毕竟还是"百足之虫"，仍保留着贵族庄园的骨架和气派，正是"学好会"攻打的对象。"学好会"攻打土默特时有上万之众，他们手持刀矛土枪，首先冲入惠宁寺，又分别冲进各殿堂，见堂内空无一人，便挥刀舞棍对着佛像乱打一气。当时，尹湛纳希的朋友喀拉沁巴图留在惠宁寺内看守，正躲在一层楼后，见"学好会"杀将进来，便迅速躲到释迦牟尼佛像后。当佛像被砍时，巴图双手抱头，左手中指被砍去一截。"学好会"砍杀一通并未认真搜查，随后又杀向别处，巴图得以保住了性命。

"学好会"杀入忠信府时，府中妇孺和部分祖传宝器皆已转移，而尹湛纳希和六哥嵩威丹精并未离开忠信府。当时，尹湛纳希正在撰写《青史演义》，六哥嵩威丹精劝他赶快离开，到外地去躲一躲，尹湛纳希说什么也不肯。他说，大丈夫怎能如妇孺一般，坚持留在府内。当时他还有一丝幻想，认为忠信府历来对人宽厚，未做坑民害邦之事，或许能幸免于难。服侍他的玉兰也未曾离他半步。10 月 12 日，"学好会"冲入忠信府，见府内无人，便不由分说，先把府内的草垛点着，随后又把燃着的谷草扔至各个院落房屋的窗户上。一会工夫，忠信府便成了一片火海。尹湛纳希待"学好会"冲杀过去后，才扮成汉人模样抱着几件祖传宝器和一台名砚及《青史演义》手稿从角门出了忠信府。忠信府这座美丽而精致的庄园竟毁于一旦，几百间房子在熊熊大火中化为了灰烬。

"学好会"离去后，忠信府的人从山上跑回来，见火光冲天，只能跺脚而又眼睁睁地看着房倒屋塌，财物被毁，却无能为力。于是，有的抱头痛哭，有的祈祷佛祖保佑。大火整整烧了三天三夜。尹湛纳希见此状，痛心疾首。想到先父的遗愿未酬，《青史演义》一书尚未完稿，遂决定离开忠信府，告别家乡，到异地寻一安静处，写完《青史演义》这部巨著。六哥嵩威丹精支持他的想法，套上忠信府幸存的一挂大车，拉着尹湛纳希和玉兰及儿子宝玑一起去了锦州。

临行前，尹湛纳希望着将要离去的故土感慨万千。忠信府已荡然无存，要安顿家小就要重新建房，重整家业，负担是很重的。可今天自己要离开忠信府，只有将这个重担交给六哥一个人了。看着为家庭生计操劳而日渐瘦弱的六哥，他不禁心酸地流泪了。自己不能帮助六哥，只能说一声"六哥多保重！"六哥反过来安慰他，要他找到安静的地方，安心写作，等房子修好再接他回来。就这样，尹湛纳希含泪上路了。一路上，尹湛纳希思绪万千，想到了清朝的腐败，贵族的奢侈，战乱的迭起，他感到茫然。当时他还看不清拯救社会的正确途径，只是更强烈地希冀着圣主贤帝的再现。因此，他更坚定了尽快写出《青史演义》的决心。

尹湛纳希携带家眷来到这里，看见庙门前插着稻草，知是对外出租的。尹湛纳希见庙院严谨，洁净且清静，便租了庙里的三间东厢房住了下来。三间房一间为他的卧室和书房，其余两间分别由儿子和玉兰住着。玉兰所住一间兼做厨房。就这样，尹湛纳希离开了毁于一旦的家园，离开了故土和亲人，来到这异地他乡过起了寄人篱下的生活。这次变化，对尹湛纳希来说又是一个沉重的打击，不仅改变了他的生活规律，也打破了他的一些幻想。尹湛纳希怀念故乡，怀念亲人。尤其是在傍晚时分，夕阳西下，他抬头眺望窗外，心酸难禁，便咏起了思乡的诗句：

> 残桥断路秋已寒，
> 枯树昏鸦月正残；
> 落叶萧萧泣大地，
> 孤鸿声声怨青天；
> 小曲充饥诗当酒，
> 餐风饮露醉心田；
> 吉凶难测生死路，
> 何日重返荟芳园。

十九、文星陨落

尹湛纳希来到药王庙后，便整理好书房，继续撰写《青史演义》。这是他的事业，也是他的终生愿望。遗憾的是，尹湛纳希著书参考的一些资料都随着楚宝堂、东坡斋、学古斋的毁灭而化为灰烬。尹湛纳希为此捶胸顿足，痛不欲生。他甚至有些绝望了，自己终生为之奋斗的事业未就，赖以成就事业的条件却毁于一旦。这无疑是毁了他生命的一部分。但是，尹湛纳希想到父亲的遗愿，想到六哥自挑家计重任，尽全力支持他著书立说，使他不得不坚忍不拔地写下去，写下去。

当时已值冬日，药王庙取暖设备不足，炕不好烧，室内温度不高。尹湛纳希长年居住忠信府，冷暖适度，冬夏皆宜，以致来到这里很不适应，总觉得房低屋窄，心情压抑。加之冷气袭人，常觉衣裳单薄，难以御寒，使他不禁思念起家乡，思念起亲人，忧伤之情常积于胸。尤其是逃难他乡，身居异地，心情总是与出外游玩不同，常生孤独寂寞之感。他有时在玉兰的陪伴下，站在小凌河边沉思。我生在大凌河边，却避难在小凌河畔。他恨老天对自己不公，给自己的时间太少了。父亲的遗愿没有实现，《土默特志》虽然构思了许久，但是还没有动笔。在多方面原因影响下，尹湛纳希精力和体力均受到影响。但尹湛纳希并未搁笔，仍以顽强的毅力坚持写作。

这年冬天，已经临近过年了，尹湛纳希又产生了强烈的思乡之念。正在这时，他的好友喀拉沁巴图来看望他，给他带来了家乡的食品和一些零用钱。尹湛纳希兴奋异常，与巴图同桌饮酒，两人还风趣地说起"跑学好"的情景，尹湛纳希即兴送巴图一首词：

赠必勒格（智者）那可儿（好友）喀拉沁巴图词：

必勒格，您！
虔跪恭贺，消灾使者；
两眼闭合，一意"嘧哆"；
"佛法"无边，指代头陀；
感民啊！我，
神鬼不保，只好早逃；
孤单无靠，双脚起泡；

肠饥身劳，备受煎熬；

善哉！怜哉！各遂其好；

呆哉！智哉！各得其报。

这首词是回顾逃避"学好会"时的情景。喀拉沁巴图躲"学好会"时，躲在圣像后失掉一个手指。喀拉沁巴图本来是祷佛避难，尹湛纳希戏言，说他虔诚地恭迎"消灾使者"，结果佛爷保佑他以一个手指头代替了脑袋，保住了生命。尹湛纳希被迫逃离锦州。他不信佛，因而说佛不保佑他。从这首词中可以看出，尹湛纳希当时的心情还是愉悦的，尚有幽默之兴，风趣之言。当然，尹湛纳希在异地他乡与好友对坐而饮，心中也充满了感慨，他想到了自己坎坷的一生和如今的际遇。在当时，他还难以认识到社会的变革、家庭的衰落以至被焚是历史的必然。他只感到世道不济，人生惨淡，痛感没有贤君治理天下，以致天下一片混乱，更痛惜自己已近花甲，无才补苍天，想到此不禁潸然而泪下。喀拉沁巴图见尹湛纳希胸中忧郁，忧心忡忡，多方劝慰，方使尹湛纳希稍稍宽解一些。但是，喀拉沁巴图不能在这陪尹湛纳希，还要回惠宁寺去。三天后，喀拉沁巴图告别了挚友尹湛纳希，赶回土默特去了。

喀拉沁巴图走后，尹湛纳希大有一种失落感和孤独感。好友离去，冷冷落落，再没有人到他这来闲聊，再看不见出出进进的丫鬟和家人。为此，他的心情总是郁郁寡欢，开朗不起来，思路也常常混乱。他有时索性停下笔，眺望窗外。窗外是一个不大的小院，很少有人光顾，可谓"门庭冷落鞍马稀"。只有几只麻雀蹦蹦跳跳在觅食，不懂异客之烦忧。尹湛纳希这样挨了几日，挨到了一年一度的春节。

1892年春节前后，气温急剧下降。大地冻裂了，像是张开无数张嘴嘎嘎地惨叫着。一场漫天大雪把大地覆盖，也把这凄凉逼人的景象掩盖起来。此时，药王庙披上了银装，院子中堆起了大雪堆。大年三十这天，别人家放鞭放炮，庆贺过年。可尹湛纳希一家却凄凄冷冷。虽然玉兰百般安慰，做了些好吃的饭菜尽量使尹湛纳希高兴起来，可尹湛纳希却总是笑不起来。年就这样过去了。大年初二晚上，天寒，屋子冷。尹湛纳希住的西厢房炉火已灭。玉兰和宝玑在各自的房间睡下了。尹湛纳希睡不着，便披衣起来继续写《青史演义》。室内温度降到零度以下，水碗里的水已经结上了冰碴。他写着写着，突然支持不住，倒在小桌上，朦朦胧胧似乎睡着了。早晨，他被玉兰喊醒，睁开眼只觉得头晕眼花，咳嗽不止，继而呕吐，浑身发起了高烧。他病倒了，患了重感冒。

尹湛纳希逃难锦州时没带多少钱，只带了几件祖传宝器。这次病倒，只能典当这些宝器了。这些都是尹湛纳希心爱之物，如今要典当，心中很不是滋味。器物典当后，请了医生，服了药，但终不见效。随身带出来的东西快当尽了，尹湛纳希的病却始终未见好转。他们定居他乡，无亲无故，求人看病时，医生漫天要价，气得尹湛纳希浑身发抖。一气之下，他再也不求医、不用药了。玉兰和宝玑百般劝慰也无济于事。后来，玉兰打发宝玑返回忠信府，请来了嵩威丹精和喀拉沁巴图。嵩威丹精和喀拉沁巴图见钢铁般健壮的尹湛纳希竟在数日间变得面黄肌瘦，脸色纸白，喘息不止，立即请来了惠宁寺喇嘛大夫。喀拉沁巴图从小在惠宁寺，也学习了很多蒙医学知识和配方。喀拉沁巴图和喇嘛大夫来到药王庙，又是针灸，又是灌药，又是念经。可是，这时的尹湛纳希已经奄奄一息，非医药所能及了。

今年的小年以及除夕之夜，锦州城内仍然是鞭炮声不断，灯笼满街通明。可在药王庙内，尹湛纳希一家，过年的繁杂礼节取消了，只有暗淡的油灯陪伴。

1892 年正月十七日，清晨，尹湛纳希在昏迷中醒来，见到了六哥和喀拉沁巴图，脸上现出了些许微笑，然后用微弱的声音断断续续说了五件事：第一件事是把陪伴他几十年的心爱之物——台砚和凹面宝剑赠送给喀拉沁巴图；第二件事是嘱托六哥嵩威丹精把《青史演义》的书稿带回去，一定要让这部书流传下去；第三件事是帮玉兰寻个合适的人家；第四件事是要把他的尸骨拉回土默特，埋入故土；第五件事是：我一生未及仕途，只以书墨为伴，死后，选几套心爱的书陪伴我。说完，用他那暗淡的目光环视了一遍围在身边的亲人，说了声"你们好自为之"，便合上了双眼。这位伟大的蒙古族文学明星就这样陨落了。这年，尹湛纳希仅 56 岁。

尹湛纳希的尸体在嵩威丹精和喀拉沁巴图的主持下，用一辆双套马车拉回了忠信府。停放三天之后，埋在瓦匠沟。后来，一位风水先生说，尹湛纳希墓地风水不好，应该搬迁，尹湛纳希坟便搬迁到忠信府东北方向 10 多里处的毛盖图（今北票市红石硌乡兰旗营村），并为他立了石碑。毛盖图这个地方并不是尹湛纳希家族的祖坟地。他家的祖坟地在忠信府东 10 华里处的十家子。为什么尹湛纳希孤独一人埋在僻静的山冈呢。对此说法不一，大致有三种：一是说尹湛纳希客死他乡，故未能入祖坟；二是说尹湛纳希在绝日子死去，这天死去的人，黑煞神降界，如入祖坟，后代便会出杀人凶手；三是说尹湛纳希一生未仕，平民不得入祖坟。总之，当时，尹湛纳希的贡献和尹湛纳希作品的价值并未被家族人所认识，尹湛纳希只是被草草安葬了。

那时，蒙族人安葬是要请活佛的。嵩威丹精在惠宁寺请了五世活佛查干达哈，又请了八个喇嘛，为尹湛纳希送了灵，念了经。后将尹湛纳希心爱之物——鼻烟壶送给了五世活佛，并说这样死者灵魂才能转世。后来，尹湛纳希的鼻烟壶又传到尹氏后代手中，现保存在尹湛纳希纪念馆中。当时，蒙族人送葬还时兴陪葬，可尹湛纳希所陪葬的除几支笔墨以外再无他物。因为当时忠信府已无力将贵重之物陪葬了，尹湛纳希只能是薄葬，按照尹湛纳希的生前遗愿，选了几套他最心爱的书放在他的棺椁中。这一点曾在后者打开尹湛纳希棺木时得到证实。据说，尹湛纳希棺内只有一具骸骨和几支笔杆，别无他物。

尹湛纳希离世后，兄弟几个只有嵩威丹精一人了。对于尹湛纳希的突然去世，嵩威丹精万分悲痛。尹湛纳希身体一向很好，且正值精力充沛、才华横溢之时，就这么匆匆离去，使嵩威丹精不禁老泪纵横。他悔不当初没有把尹湛纳希留下来，在他身边。兄弟两个尚可互相宽慰，尹湛纳希或许不至于这么匆忙步入黄泉之路。又是一年过去了，嵩威丹精在空闲时间，整理尹湛纳希的著作，又不禁凄然泪下，心酸难禁，遂提笔写了一首诗：

吾兄手迹

见兄手迹墨如新，
心潮汹涌意难平，
尹湛七弟亦归去，
嵩山无语泪涔涔。
兰桂齐芳道八人，
愚拙嵩山叹伶仃。
仙境窈渺穷难见，
一泓秋波映水晶。

诗后补记道："吾兄坚如铁石之身躯，难相见矣！新年前二日，窗下书此。"这首诗是唯一一首悼念尹湛纳希的诗。

二十、佳品流芳

尹湛纳希最大的遗愿就是使自己的著作流传下去。他在《青史演义》缘起要目之六中写道:"但愿我的名字同我的史书一起留于蒙古人之中,千秋万载永世不烂、不毁、不破、不失!"他也曾坚信,他的著作迟早会遇到有识之士,流传百世。他说:"金银珠宝、家园田产终有一天会落到别人手中,只有这些史书智慧别人是无法夺取的。""只要能够长存下去,还会怕它遇不到有见识的学者嘛!"事实正如尹湛纳希所预料,他的著作虽未在当时公开流传,而在他逝世近半个世纪后,他的作品竟得到了人民的欣赏,得到了社会的承认,并表现出了很高的认识价值和审美价值。

尹湛纳希的著作《红云泪》《一层楼》《泣红亭》等小说写出后,并未先在土默特一带流传,而是先流传到阜新和喀喇沁等地。喀喇沁右旗王府是尹湛纳希的外祖父兼岳父家。那里的文化较开化,读书识字的人较多。尹湛纳希把他写的书送到那里,人们看后相互传抄,因而当时一些有文化的人家都藏有尹湛纳希的书。喀喇沁中旗王府就曾藏有尹湛纳希的全部著作。曾在喀喇沁中旗王府管理图书的塔庆嘎曾回忆说:"尹湛纳希虽然与中旗没有姻亲关系,我们那位王爷还是很重视他的作品。他的图书馆里收藏过尹湛纳希的全部作品……王爷读过尹湛纳希的全部著作,有时还跟我们谈论起某些作品的内容。"

这说明,尹湛纳希的作品在当时就在当地文化人的手中流传并受到了重视。同时,尹湛纳希的作品还流传到阜新一带。阜新一带是文化开化比较早的地方,在那里出现过不少文化名人,因而尹湛纳希的小说流传到那里后,也受到了好评,许多人争相传抄,保存尹湛纳希的作品。后来,尹湛纳希的作品又流传到土默特一带。因为作品是以现实主义手法写的,文中所抨击的丑恶现象都是现实生活的艺术再现,有其生活原型。更由于尹湛纳希这些小说愤世嫉俗,揭露达官贵人的丑行,同情劳动人民的苦难,主张婚姻自主,抨击封建的婚姻制度,有很鲜明的叛逆思想,因而引起了清朝官吏和蒙古王公的极大不满,他们发现这些书后,千方百计扼杀它,阻止它的出版和传抄。在《一层楼》《泣红亭》的封面上竟然批注"年轻姑娘媳妇不可读的淫书"。尽管这样,人们私下里还是不断地传抄,争相诵读,并为作品的艺术形象和反封建的思想意识所感染。

尹湛纳希著作的出版是 1939 年，由开鲁蒙文学会主持印刷了《一层楼》《泣红亭》和《青史演义》，是石印版。《一层楼》《泣红亭》所用的原稿是尹湛纳希的好友官布用朱笔校点的标准本。官布昔日与尹湛纳希关系密切，来往信件很多。尹湛纳希写完《一层楼》《泣红亭》后曾寄给官布阅读并修改。后来，官布看到这两部书的手抄本有遗漏和歪曲的地方，就用朱笔一一校点。后来，这个朱笔校点标准本流传到东土默特旗管旗章京日格吉布家。开鲁蒙文学会在准备石版印刷《一层楼》时，便以 20 银元的酬谢金从日格吉布家里借来这个标准本，由乌尔图撰写序言，察隆阿用竹板子美术字写成。这样，《一层楼》得以正式出版，从而使尹湛纳希的作品在社会上广泛流传。

《青史演义》一书由于篇幅长，不易传抄，因而流传不够广泛，其原稿一直保存在忠信府。《青史演义》第一次石版印刷用的原稿是从忠信府找到的。

乌尔图回忆说："《青史演义》的印刷是开鲁蒙文学会的负责人卜贺和什格主持的，在下面做具体工作的是奈曼旗的希仍嘎。《青史演义》原稿是从忠信府借的，用完后酬谢了一百银元。这个原稿没有订成本子，是卷筒式的，每册每回的书眉上有标签。原稿问题不少，首先是回数不全，中间空缺，故事连贯不起来，产生了不少麻烦。这样，卜贺和什格、希仍嘎等根据各自的历史常识，重新调整回次，使稿子比较顺当起来，共编到六十九回。"

尹湛纳希的作品经石版印刷发行后，拥有了众多的读者和研究者。后来，这三部书先后被译成汉文。《一层楼》由甲乙木译成汉文，内蒙古人民出版社1978 年出版。《泣红亭》由曹都和陈定宇译成汉文，1981 年内蒙古人民出版社出版。《青史演义》由黑勒、丁师浩译成汉文，于 1985 年 11 月由内蒙古人民出版社出版。2010 年 6 月，由内蒙古人民出版社、辽宁省朝阳市人民政府联合出版了《尹湛纳希全集》蒙汉两种版本。除此之外，尹湛纳希的著作还先后被译成俄文、日文，在国外出版发行。至此，尹湛纳希的主要著作不仅在内蒙古、在中国拥有众多的读者，深受人们欢迎，而且已经走向了世界，在世界文学史上也占有了一定地位。现在，可以告慰尹湛纳希的英灵了，你的著作被有识之士认识了，你的作品将百世流芳。你如果九泉下有知，应该欣慰了。

对于尹湛纳希及其著作的研究工作，在中外蒙古学界早已开展起来。在国内，从 20 世纪 50 年代在内蒙古自治区就成立了"尹湛纳希研究课题组"。额尔敦陶克陶、曹都等专家学者们曾于 1956 年、1957 年两次深入尹湛纳希的故乡访问。两位学者从县城步行几十里，跋山涉水，历尽艰辛。他们遍访了近百名当地的老者及其家族亲属。他们寻根究底，沿着东土默特东迁的足迹，排列了尹湛纳希的家族世系，并找到了尹湛纳希的后裔，找到了尹湛纳希的祖坟——东十家子王爷坟，又考证了尹湛纳希的坟墓。他们在访问尹湛纳希故居时，发现老百姓家里棚顶上有蝇头小楷字，细一看是尹湛纳希的手迹，便将其一张张从棚顶揭下来，以一元钱一个字把这些手迹买了下来，然后又一个字一个字地拼凑起来。在访问过程中，他们收集了大量尹湛纳希的遗物，其中有尹湛纳希少年时期的诗集和翻译的《中庸》，一个大账簿，画作《梅雀图》，尹湛纳希与古拉兰萨少年时期的诗集，抄写本《一层楼》《泣红亭》《青史演义》手稿，《红云泪》手稿，《三妙传》《红楼梦》前几回的译述以及尹湛纳希和父兄的诗稿，还有尹湛纳希兄弟少年时读过的书《龙文鞭影》《幼学故事琼林》《古文观止》等。还收集到一些尹湛纳希及家人用过的文具、茶具、酒具、卧具等。与此同时，他们还从锦州请来了著名画家，请当地一名目睹过尹湛纳希自画像的李大娘做指点，为尹湛纳希画了头像。历时半年时间，用辛勤的劳动挽救了一批尹湛纳希散失的著作，并写出了第一篇介绍尹湛纳希生平和作品的文章发表在《光明日报》上，为尹湛纳希作品的出版作出了贡献。

在两位学者以后，前来尹湛纳希故居考察的人越来越多，冷落了半个多世纪的忠信府又门庭若市了。随着尹湛纳希研究队伍的扩大，研究领域的拓宽，1982年由内蒙古文联牵头，在额尔敦陶克陶和曹都毕力格等人的积极努力下，尹湛纳希研究学会正式成立，并召开了尹湛纳希研究学术讨论会。此后，研究尹湛纳希生平著作的文章大量涌现，扎拉嘎、宝力格、色道尔吉、陈定宇、黄彦等研究学者分别撰写了有关尹湛纳希著作的评论文章。1982年，内蒙古政府投资建立了尹湛纳希纪念馆。同年，在呼和浩特市，由内蒙古文联、内蒙古蒙古语文学会、中国蒙古语文学会、尹湛纳希研究会、内蒙古博物馆联合主办了"纪念尹湛纳希诞辰一百四十五周年陈列展览"。内蒙古自治区政府副主席周北锋同志为陈列室开幕题词。而后，内蒙古文联、中国蒙古语文学会和尹湛纳希研究会从陈列品中选出有关尹湛纳希生活和文学遗产计一百余幅图片，编印了《尹湛纳希画册》。1985年，公开发表了《尹湛纳希家谱》，从而把尹湛纳希的研究工作推向一个新的阶段。

在尹湛纳希的家乡也出现了研究尹湛纳希的热潮。朝阳师范学院的龙春丽同志是最早开始研究尹湛纳希的作品的。她的论文《风清骨峻，篇体光华》曾荣获辽宁省优秀论文。北票市文化馆李春盛同志写出了四幕话剧《尹湛纳希》，第一次把尹湛纳希的形象搬上舞台。1983年，北票市政府将忠信府故居的"八宝琉璃井"正式列为市级保护文物。忠信府村的群众自己动手修复了棋盘山上尹湛纳希读书纳凉时用过的棋盘。1986年10月，在距离尹湛纳希的故乡忠信府不远处的惠宁寺院内建起了尹湛纳希纪念馆，原国家副主席乌兰夫、原辽宁省人大常委会主任张正德、蒙古族著名作家玛拉沁夫分别为纪念馆题写匾额。2012年，尹湛纳希纪念园落成，并将此纪念园作为民族团结教育基地对外开放。2017 年，尹湛纳希故居的恢复工程正式启动。尹湛纳希家乡的人们都以在这块故土上出现了尹湛纳希这样伟大的作家而自豪。

在国外也有众多尹湛纳希研究的学者专家。目前，据不完全统计，已有三十多个国家的蒙古学界的专家和学者们正致力于对尹湛纳希及其作品的研究，并且取得了十分可喜的成果，发表或出版了许多有价值的论文和专著。有的学者因为研究成果显著而获得了很高的学位。例如，苏联罗蒙诺索夫国立莫斯科大学亚洲研究所研究生斯科罗乌莫娃，多年从事对尹湛纳希著作的研究，1976 年出版了专著《论蒙古族作家 B. 尹湛纳希的长篇小说〈一层楼〉中对汉文资料的运用》和《蒙古婚礼诗的体裁体系》；1978 年出版了《论蒙汉专篇小说的交流》，1979 年出版了《蒙古人婚礼仪式中箭的象征意义》，1980 年出版了《苏联蒙古学和国外蒙古学对尹湛纳希创作的研究》，此后出版了《B. 尹湛纳希长篇小说〈一层楼〉中的中国传统》和《蒙古族作家尹湛纳希创作中的人与自然》。同时，她还撰写了学位论文——《十九世纪的蒙古风俗人情小说——尹湛纳希的小说〈一层楼〉和〈泣红亭〉》，并顺和通过语文学副博士学位论文答辩。她在这篇论文中指出："第一批蒙古长篇小说的作者旺钦巴勒、尹湛纳希是十九世纪蒙古文学最杰出的代表人物之一。他熔本民族叙事散文发展领域的经验和邻近民族民俗学中创作散文巨著的经验于一炉，成为蒙古文学各方面的革新者。这两部长篇小说之所以有趣，不但在于它们是外族传统在形成新的文学体裁方面产生影响的例证，还在于它们是满清时代蒙古文学发展水平的标志。""尹湛纳希的创作与其说是开创了一个文学发展的新时期，不如说是结束了一个旧时期——中世纪时期。无论如何，尹湛纳希的经验是独一无二、后无来者的。"

蒙古国达木丁苏荣院士在其 1959 年出版的蒙古古典文学选读本《范文百篇》中，概括分析了尹湛纳希的创作，其中谈到了尹湛纳希的长篇历史小说《青史演义》。达木丁苏荣指出："《青史演义》描写的虽然是真实历史事件，但是叙述中也加进了作者的创作想象。至于主要人物成吉思汗，那么可以说这一形象反映的是人民对真实人物的理想化，而不是历史人物的再现。"另外，1968 年出版的《蒙古文学概要》一书中，收有丁·扎布察郎扎布撰写的《论尹湛纳希的长篇小说》论文。这篇文章堪称尹湛纳希创作研究方面的重要里程碑。文章分析了《青史演义》《一层楼》和《泣红亭》，论述了这几部小说的主人公，揭示了创作手段，并明确指出《青史演义》与 19 世纪蒙古族解放运动具有密切的联系。

西方学者也发表过一些论述尹湛纳希的文章。比如，德国的 B. 海西格注意到诗在叙事中具有很重要的作用，可以增加一种奇特的色彩。因此，他曾将

《一层楼》中的一系列诗歌译成德文并予以发表。这位研究家正确地指出了长篇小说《一层楼》的写实性。但是，他对借用东部蒙古地区的汉族模式，将汉族生活方式移植到蒙古地区的作用有所夸大。

美国学者 X. 贡布扎博于 1970 年出版了专著《尹湛纳希〈青史演义〉的文学地位》。他对这部小说的内容和艺术特点进行了详细研究，对《青史演义》的手抄本做了概括介绍。后来，贡布扎博还在威士巴登出版了《青史演义》的新版本。

此外，法国学者巴乌登撰写出版了专著《尹湛纳希的〈一层楼〉》。日本讲谈社和我国人民美术出版社联合编印出版了《中国的旅行》一书。书中文图并茂，以《蒙古近代文学的明星——尹湛纳希》为题，高度评价了尹湛纳希及其作品，在日本产生了很大的影响。目前，国内外对尹湛纳希及其著作的研究日益发展，研究领域也日益拓展。随着对尹湛纳希研究的不断深入和发展，这块绚丽无比的文学瑰宝一定会大放光彩。

附录一

尹湛纳希黄金家族
廿九世孙宗室世系谱

同治十二年六月十六日

本宗室世系谱，由我尹湛纳希前代贤明王诺颜立家谱以来已有四十余年。由于年久，适有腐烂之处，今日重修续谱已毕。

自圣·成吉思汗至我辈，已传廿八代世孙，台吉世族已近三十世孙了。圣·成吉思汗之后裔，在我国内蒙古、蒙古国一百零五旗内均有繁衍，把他们的历史均梗概于此谱内。至祈审修。

法天启运圣武皇帝太祖铁木真成吉思汗

大元帝国开创者，普光圣杰在天之"察干·速勒达"下凡，奉天命而创建大业，威震一统天下。法天启运圣武皇帝，始可汗，大元帝国之元勋。

长子，术赤，于北疆俄罗斯建国称汗。

次子，察合台，于西夏西域之地建国称汗。

三子，窝阔台可汗，于中华之地称汗。

四子，托雷，为君主，在蒙古本土称汗。

托雷之子忽必烈·薛禅承袭可汗位

其子，真金太子（裕宗）。

其子，答喇嘛八喇可汗（顺宗）。

其子，曲律·海山可汗（武宗）。

其子，和世瓎·扎稚噶图汗（明宗）。

其子，托懽·忒睦尔·乌哈哈旅图可汗（顺帝）。

其子，乌萨哈尔汗。

其子，哈尔古察克·都愣·洪·台吉。

其子，阿斋·台吉。

其子，阿巴喀尔津汗。

其子，哈尔固楚克·台吉。

其子，巴颜·孟克·博勒呼·济农。

其子，巴图·孟克·达延可汗。

至此，黄金家族直系十三（谨案十五）世孙。

巴图·孟克·达延可汗

巴图·孟克·达延可汗有十一个称"博罗特"之子。他们是；

图噜·博罗特

他们的后裔是内蒙古敖汗一旗、奈曼一旗、乌珠穆沁二旗、浩齐特二旗、苏尼特二旗。此五"爱马克"，凡八旗台吉诺颜，皆为其后裔。

乌噜斯·博罗特，其后裔未表。

巴尔斯·博罗特

他的子嗣是土默特、鄂尔多斯。此两个"爱马克"，七旗台吉诺颜，皆为他的后裔。

阿尔斯·博罗特，其后裔未表。

瓦齐尔·博罗特，他的后裔是克什克腾一旗台吉诺颜，其他未曾繁衍。

阿勒楚·博罗特，他的后裔是巴林二旗、扎鲁特二旗、计四旗台吉诺颜皆为他的后裔。

阿剌·博罗特，其后裔未表。

噶鲁帝·博罗特，其后裔未表。

乌巴萨·博罗特，其后裔未表。

格勒·博罗特，其后裔未表。

格勒三·博罗特，他的后裔是喀尔喀四"爱马克"。凡八十四旗台吉诺颜。格勒三·博罗特的后裔极为繁衍兴旺。

达延可汗十一"博罗特"之子嗣，合计一百零三旗，再加青海厄鲁特之扎鲁特扎萨克一旗，总计一百零四旗台吉诺颜们。

巴尔斯·博罗特（六子）

长子，古温必里克·孤墨里·墨尔根·哈剌·济农。

次子，阿勒坦·格根可汗。

三子，剌布克·台吉。

四子，巴雅斯哈勒·昆都楞汗。

五子，巴颜达剌·捺林·台吉。

六子，博迪达刺·台吉。

阿勒坦·格根可汗（八子）

长子，僧格·杜陵汗。

次子，博颜·巴图尔。

三子，托伯特·台吉。

四子，博颜图·伊兰塔。

五子，达兰·古力克。

六子，布塔什力。

七子，衮楚克。

八子，扎木苏。

僧格·杜陵汗（六子）

长子，苏密尔·洪·台吉·其子蕴丹·扎木索·达赖喇嘛。

次子，噶尔图·诺颜，其后裔在忠信府上府、下府（谨案今北票市下府乡）两府，以及古拉古勒泰（谨案今北票市马友营乡）、东乌里雅苏台（谨案今北票市东官营子）地方的台吉们。

三子，陶拉可图·诺颜，其后裔在察巴齐克山·嘎查嘎（谨案今朝阳县下三家嘎查哈巴塔苏木）地方的台吉们。

四子，朝克图·诺颜，其后裔在今（谨案原文如此）东乌里雅苏台（谨案北票市东官营子）西乌里雅苏台（谨案北票县西官营子）地方的台吉们。

五子，潮罗蒙图·诺颜，其后裔在七浩如嘎（谨案今朝阳县单家店乡七家子村）地方的台吉们。

六子，布拉图克·青·巴图尔·诺颜，其后裔在今弘吉刺惕（谨案今北票市荣花营子）、六格勒（谨案今北票市黑城子乡东约十五里之六家子村）地方的台吉们。

噶尔图·诺颜（三子）

长子，鄂木布·楚琥尔。

次子，希图噶尔，其后裔在今宝力嘎台（谨案今北票市坤头波罗村）地方的台吉们。

三子，默尔根·岱青·诺颜，无嗣。

鄂木布·楚琥儿·诺颜（三子）

长子，镇国公晋固山贝子固穆·诺颜。

二子，沙克都尔，其后裔在西乌里雅苏台地方（谨案北票市西官营子）的台吉们。

三子，苏克都尔，无嗣。

贝子固穆·诺颜（八子）

长子，乌恩特古斯，无嗣。

二子，阿尤希，无嗣。

三子，三等台吉色陵，其后裔在东乌里雅苏台（谨案今北票市东官营子乡一带）地方的台吉们。

四子，一等台吉察衮，其后裔在古拉古勒泰（谨案北票市马友营蒙古族乡）、察汗高勒（谨案北票市长皋乡）地方的台吉们。

五子，罗布桑札布，无嗣。

六子，贝子拉斯札布，其后裔在下府（谨案今北票市下府蒙古族乡）地方的台吉们。

七子，贝尔衮济斯札布，其后裔在上府（谨案今北票市下府乡上府村）地方的台吉们。

八子，贡嘎札木苏，无嗣。

贝子拉斯札布（二子）

长子，班第，承袭贝子。

二子，三等台吉根札布。

贝子衮济斯札布（四子）

长子，一等台吉，协理台吉丹津。

二子，四等台吉都尔吉济勒。

三子，四等台吉色旺道尔吉。

四子，四等台吉图伯钦。

贝子班第（一子）

贝子班第独生子，贝子哈木吱巴雅斯古朗图（谨案今北票市下府乡惠宁寺内有其画像）。

贝子哈木哎巴雅斯古朗图（十三子）

长子，贝子垂札布。

二子，三等台吉喇嘛札布。

三子，三等台吉济格木贡桑。

四子，和硕额驸那顺特古斯。

五子，索那木道布济。

六子，台吉色旺巴剌珠尔。

七子，台吉罗布桑仁钦。

八子，台吉希剌巴道尔吉。

九子，台吉贝子朋素克嶙亲（谨案今北票市下府中学宝昶先生的直系祖宗）。

十子，台吉剌克帕道尔吉。

十一子，台吉义希道尔吉。

十二子，台吉格鲁格尼玛。

十三子，台吉彭琥台。

台吉根札布（二子）

三子，拉西栋如布，其九子中七子无嗣，其次子三等台吉萨第巴拉，八子四等台吉塔罕泰。

四子卫勒布图格克齐，其五子中二子无嗣，其二子四等台吉甘珠尔札布，四子管旗章京索特巴札木苏，五子四等台吉莎剌哈道尔吉。

协理台吉丹津（三子）

长子，阿剌德尔，其子达拜伦。

二子，拉克帕道尔吉，其独生子、四等台吉齐布德道尔吉。

三子，一等台吉珊丹道尔吉，其七子之中四子无嗣。其三子一等台吉旺齐勒，五子四等台吉布第松，六子四等台吉玛克松。

台吉都尔吉济勒（四子）

长子，青必希尔勒图，其二子：其长子四等台吉那睦济勒拉希，次子四等台吉拉布克，亦名陶克陶布。

二子，玛尼巴达力，其二子：长子四等台吉巴德玛，次子四等台吉博音阿尔必特呼。

三子郎图，其二子：长子四等台吉杜格尔扎布，次子四等台吉布尔古德。

四子苏和，其独生子四等台吉那逊博音。

台吉色旺道尔吉（二子）

长子图莎土，其六子中四子无嗣。长子四等台吉巴莎雅噶尔必，五子四等台吉拉特那。

二子莎噶札，其四子中二子无嗣。长子四等台吉旺安图，无嗣。次子四等台吉阿尤尔。

台吉图伯钦（三子）

长子色楞旺寿克，其独生子四等台吉莎古德勒。

四子朋素克，其二子：长子四等台吉特古斯特克希，次子四等台吉特古斯宝音。

五子拉哈巴，其四子：长子协理台吉特古斯吉尔嘎朗，二子四等台吉博意哈拉巴德呼，三子四等台吉特古斯朝克图，四子四等台吉那逊呼图斗图克。

贝子垂札布（九子）

长子，台吉色布腾旺布。

二子，贝子色布腾栋如布。

三子，喇嘛，贝子色布腾喇什。

六子，三等台吉喇米噶如，其子玛第希力，其三子：长子三等台吉陶克陶呼，次子托因（谨案蒙古喇嘛），三子那木斯赉札布。

八子，三等台吉苏布岱，其子都格尔札布，其二子：贺希克都古楞，宝音都古楞。

九子，三等台吉阿必达，其子卫如布，其长子三等台吉宝音浩齐尔勒图，次子巴萨尔。

索那木道布济（三子）

长子，三等台吉玛克巴拉。

二子，四等台吉拉希色楞。

三子，四等台吉义尔哈拉布坦

和硕额驸那顺特古斯（一子）

其独生子，二等台吉希拉布僧格，其四子：长子，额延达拉，二等台吉，无嗣;二子,托因(谨案蒙古喇嘛);三子,二等台吉达拉玛希德勒,其二子:长子二等台吉若南嘎尔第,次子四等台吉朝克坦;四子庆若布,其子金扎布。

贝子朋素克嶙亲（四子）

长子,三等台吉济格木德扎拉森,其子旺吉勒。

二子,三等台吉德钦忠乃,其子赛音好必图。

三子,固伦额驸、贝子玛呢巴达喇,其子贝子德勒格尔色楞,其二子:札萨克贝子索那木色登(适出——原注),其子,札萨克贝子贡布札布;另一子索那木吉希(庶出——原注)。

四子,和硕额驸勒哈瓦道尔吉,驻防九关台门。

台吉拉克帕道尔吉（二子）

长子,三等台吉帕尼尤希力,其子拉玛希岱,其子阿尤巴萨尔。

二子,四等台吉旺钦笨斯雅迦尔必,其子桑都楞(朝阳寺住——原注)(谨案今北票市上园乡朝阳庙)。

义希尔道吉（二子）

长子,三等台吉桑布拉布坦(驻防松岭子门——原注)(谨案今朝阳县松岭门)。

二子,四等台吉道尔吉宁布,其子日塔那希岱、特忒克齐二人。

台吉格鲁克尼玛（四子）

长子,三等台吉巴布达吉德,其子帕克巴札布。

二子,四等台吉索那木达尔济,其子阿寿嘎。

三子,四等台吉达尔睦达勒。

四子,四等台吉桑嘎达勒,其子色勒玛什。

台吉萨第巴勒

其独生子,台吉吉格济德札布,其子宝睦巴,其子思和巴雅尔。

台吉塔罕泰

其独生子,台吉阿斯拉,其子达木林札布、滚楚克札布,其后裔在今札兰宝力嘎(谨案今北票市龙潭乡赤兰波罗)地方的台吉们。

台吉甘珠尔札布（四子）

长子，岭磐勒道尔吉。

二子，吴古岭磐勒。

三子，贡嘎宁布。

四子，米吉德道尔吉，其子色帕克札布。

管旗章京索特巴札木苏

其子协理台吉布力达札布，其独生子栋津苏荣。

台吉莎喇哈道尔吉（二子）

长子，门德，其子贡布沙登。

二子，布兰巴拉，其子贡嘎札布。

台吉齐木德道尔吉（三子）

长子，阿尔达希泰。

二子，阿布拉希泰。

三子，阿木拉希泰，其子济格木巴沙尔，其子色笨札布。

台吉旺齐勒

唯一接代的是一等台吉义博格勒。其三子：长子，一等台吉吉格木德，其子一等台吉沙嘎德尔札布，次子托因；三子四等台吉斯钦，其三子中两个是托因，长子是僧格札布。

台吉布第松

其独生子四等台吉衮特尔，其子衮楚克萨布坦，其子济斯吉勒。

台吉玛克松（二子）

长子，索那木拉布杰，其子额尔德尼巴图，其子宝音厄齐尔图。

台吉拉布克（二子）

长子，拉哈旺敖尔布，其二子：长子协理台吉旺钦巴勒，其四子（谨案尹湛纳希生父，在世四子）；次子台吉杭嘎勒，无嗣。

二子，吉格济德札布，其二子：长子台吉札木巴勒札布，次子台吉墨逊噶。

台吉巴德玛

其子巴拉古札布。

台吉博音阿尔必特呼

其子希日布，色楞旺楚克。

台古杜格尔札布

其子布特格勒、阿尔萨兰。

台吉布尔古德

其子昂哈、萨布坦。

台吉那逊博音

其子雅睦帕勒、齐帕坦。

台吉巴莎雅噶尔必

其子拉希敏珠尔、拉希朝睦帕勒、拉希索那木。

台吉拉特那

其子拉希根睦帕勒，其子玛希巴图。

特古斯特克希之子蒙高勒。

特古斯宝音之子达希宁布。

特古斯吉尔嘎朗之子、协理台吉赛音宝音图，其三子：长子忠宝，其子满喜；二子邵温巴什，其子塔玛乔吉；三子玛希巴雅尔。

博音哈拉巴德呼之子，色旺敖尔布、色旺巴拉珠尔。

特古斯朝克图之子，桑诺布，其弟诺力格尔札布，其子思和特木尔。

那逊呼图克之子保官、额尔和巴雅尔。额尔和巴雅尔二子：长子朝克巴达拉呼，其子义庆嘎；次子宝音德力格尔，其子塔庆嘎。

附录二

尹湛纳希年表

公元 1837 年 5 月 20 日（清宣宗道光十七年丁酉四月十六日）

尹湛纳希诞生在卓索图盟土默特右旗忠信府（今辽宁省北票市下府经济开发区），乳名哈斯朝鲁，汉名宝衡山，字润亭。

尹湛纳希是元太祖成吉思汗黄金家族第二十八世孙。这一年，尹湛纳希的父亲旺钦巴勒 43 岁，在旗内任协理台吉，主要协助札萨克负责军务。尹湛纳希母亲满优什姊 36 岁。

长兄古拉兰萨 17 岁，五兄贡纳楚克 5 岁，六兄嵩威丹精 3 岁。

公元 1838 年（道光十八年戊戌）

尹湛纳希 2 岁。

旺钦巴勒在协理台吉任。古拉兰萨蒙译《水浒传》，并有诗作《清风拍窗唤醒春梦》《昼长花欣》《咏新月》《闲读诗文》等。

公元 1839 年（道光十九年乙亥）

尹湛纳希 3 岁。

旺钦巴勒在协理台吉任。古拉兰萨蒙译《水浒传》，有诗作《酷暑当午润秃笔》《孟秋七月》《秋风萧瑟草叶黄》等。

色伯克多尔济女某出生，日后成为尹湛纳希第一次婚姻对象。

公元 1840 年（道光二十年庚子）

尹湛纳希 4 岁。

旺钦巴勒在协理台吉任，开始撰写《青史演义》。古拉兰萨蒙译《水浒传》，仿《红楼梦》中的"好了歌"作《醒世西江月》。

公元 1841 年（道光二十一年辛丑）

尹湛纳希 5 岁。

尹湛纳希在父亲的教导下，开始背记家族系谱。

旺钦巴勒在协理台吉任，继续撰写《青史演义》。古拉兰萨蒙译《水浒传》，并作诗歌《蒙译〈水浒传〉诗》《开卷斟酌风愈盛》《大江岸上，英雄义士聚如云》。

公元 1842 年（道光二十二年壬寅）

尹湛纳希 6 岁。

旺钦巴勒在协理台吉任，为防范英军北上，奉命率本旗蒙古兵出师，驻扎长城近口处。中秋，从军营给家人捎来西瓜。八九月，战事平息后，奉命班师回旗。因立战功，受到奖赏。尹湛纳希长兄古拉兰萨 20 岁，有感于父亲率师出征，作《祝灭寇班师还》《思念军营》《祝太平》《太平颂》《尘世》等诗。

公元 1843 年（道光二十三年癸卯）

尹湛纳希 7 岁。

作《母亲》诗。

10 月 19 日（农历八月二十六日），萨仁宝勒日（汉译"月晶"）出生，后来成为尹湛纳希的妻子。

旺钦巴勒在协理台吉任，作《醉意》诗。古拉兰萨作《醉意·和父原诗》《咏菊二首》等。

公元 1844 年（道光二十四年甲辰）

尹湛纳希 8 岁。

旺钦巴勒在协理台吉任，旗务冗繁。古拉兰萨作《西风呼啸而来》《金色大千世界》《北风啸来》等诗。

公元 1845 年（道光二十五年乙巳）

尹湛纳希 9 岁。

作《白云》诗。

尹湛纳希随父旺钦巴勒进京，见到喀喇沁王色伯克多尔济之女。

公元 1846 年（道光二十六年丙午）

尹湛纳希 10 岁。

尹湛纳希听讲《三国演义》故事，拜服关羽。在父亲教诲下习弄诗文，作《白云》诗歌。旺钦巴勒在协理台吉任，因贡纳楚克继嗣之事与诚信府诉讼。

公元 1847 年（道光二十七年丁未）

尹湛纳希 11 岁。

2 月 23 日（农历正月初九），尹湛纳希的父亲旺钦巴勒辞世。尹湛纳希长兄古拉兰萨任协理台吉，入京见道光皇帝，途中作《朝觐路上》。忠信府与诚信府的诉讼在继续中。贡纳楚克读《红楼梦》，作《读〈红楼梦〉有感》诗。哈斯宝开始《新译红楼梦》的创作。

公元 1848 年（道光二十八年戊申）

尹湛纳希 12 岁。

古拉兰萨任协理台吉，结束忠信府与诚信府的诉讼。尹湛纳希阅读哈斯宝《新译红楼梦》部分章节，抄录其中诗词若干首。

公元 1849 年（道光二十九年乙酉）

尹湛纳希 13 岁。

古拉兰萨任协理台吉。

公元 1850 年（道光三十年庚戌）

尹湛纳希 14 岁。

爱国将领林则徐去世。古拉兰萨旗务繁冗。

公元 1851 年（清文宗咸丰元年辛亥）

尹湛纳希 15 岁。

尹湛纳希因敬服关羽，拜读《关帝灵签》。

3 月 9 日（农历二月初七），年轻的爱国诗人古拉兰萨去世，年仅 31 岁。嵩威丹精主持忠信府家政。贡纳楚克抄录父亲旺钦巴勒和长兄古拉兰萨译著，作《劝慰己身》诗。

公元 1852 年（咸丰二年壬子）

尹湛纳希 16 岁。

贡纳楚克作《静夜》《伤秋》等诗歌。

公元 1853 年（咸丰三年癸丑）

尹湛纳希 17 岁。

奉母命为婚姻事去喀喇沁王府。

公元 1854 年（咸丰四年甲寅）

尹湛纳希 18 岁。

为婚事往来于忠信府与喀喇沁王府之间。在喀喇沁王府读书。这期间著有《青岩》《何处深山信士洗旧砚》等诗。著中篇小说《双鹃记》（即《月鹃》），后编译《梦红楼梦》。是年正式给予台吉品级。

贡纳楚克作《咏月三首》《伤秋》《梦幻》《佳丽终为愚人妻》《运气不佳，未能缘结宝琴》等。

公元 1855 年（咸丰五年乙卯）

尹湛纳希 19 岁。

继续为婚姻事往来于忠信府与喀喇沁王府之间。在喀喇沁王府听闻太平天国北伐事。夏作《润雨》《细观红尘烦世中的事》《稀疏几尾竹》等诗。

贡纳楚克研究土默特右旗的地理沿革。作《阻猎词》《闲诗》诗，译《戒淫词》。

公元 1856 年（咸丰六年丙辰）

尹湛纳希 20 岁。

其未婚妻色柏克多尔济之女卒，后在喀喇沁王府结识后来的妻子萨仁宝勒日。尹湛纳希作《生为男子七尺身》《凉风徐来悟性生》等诗。

贡纳楚克作《闲诗·从古至今贵在贤德》《闲诗吟诵诗书困入眠》《咏秀菊》《闲诗·富贵五更雾》《闲诗·梦中醒来》等诗，又作《三春客未时》等对联多副。

公元 1857 年（咸丰七年丁巳）

尹湛纳希 21 岁。

为撰写《青史演义》，阅读有关典籍。著有《讨嫌的人》《悄悄坐在幽寂的室内多么清爽》等诗。

贡纳楚克作《咏梁上燕》《闲诗·红尘中麻烦缠绕》《闲诗·在花柳丛中》《咏佳人》《查田途中》《闲诗·贤贵者白有良缘》《醒世空幻歌》《闲诗·

月冷烛寒客店清寂》《闲诗·勒马执鞭立草滩》等诗。

公元 1858 年（咸丰八年戊午）

尹湛纳希 22 岁。

为创作《青史演义》，继续阅读和研究蒙汉文史料。

贡纳楚克在诚信府受到封建家法的残酷迫害，几次遭殴打，还被戴枷示众，几乎被逼迫到削发出家的地步。

公元 1859 年（咸丰九年己未）

尹湛纳希 23 岁。

尹湛纳希与萨仁宝勒日成婚，并去北京。继续为创作《青史演义》阅读和研究有关史料。

第二次鸦片战争仍在继续。清廷嘉赏参加大沽守卫的两盟蒙古官兵之台吉、章京等，调卓索图盟蒙古兵 1000 人赴山海关。对"德勒克色楞念经案"忠信府的人也表现出很大关注。尹湛纳希曾为此事求卦，并记于家藏《八卦》书中。腊月，尹湛纳希曾为"京城之事"求卦，疑也为德勒克色楞念经案。尹湛纳希对《八卦》产生兴趣。腊月十九日夜，忠信府家庙惠宁寺被盗。二十日夜，大风中出去寻查的人回来后，尹湛纳希也求卦并记于《八卦》书中。

公元 1860 年（咸丰十年庚申）

尹湛纳希 24 岁。

第二次鸦片战争结束。蒙古骑兵在这场反侵略战争中，为保卫国家进行了可歌可泣的斗争。尹湛纳希家乡朝阳距离激战区——天津和北京很近，又有大批蒙古骑兵参加战斗，这些都极大地激发了尹湛纳希的爱国热情，但同时他也愤恨清政府的腐败无能，并通过创作《青史演义》，塑造成吉思汗形象，期以挽救民族危亡。为创作《青史演义》，他继续阅读和研究有关蒙汉文史料。正月二十八日，为母亲求得诸事如意吉卦。

七月，第十七世章嘉呼图克图业希丹毕呢玛赴多伦诺尔避暑，内、外蒙古王公贵族举行盛大欢迎会。尹湛纳希也前往，在那里见到来自各地的蒙古各阶层人士，加深了对蒙古族生活习俗的了解。

公元 1861 年（咸丰十一年辛酉）

尹湛纳希 25 岁。

撰写《青史演义》，或称第一部《青史演义》，同时为撰写《红云泪》做准备。

公元 1862 年（清穆宗同治元年壬戌）

尹湛纳希 26 岁。

撰写《红云泪》，进入文学创作高峰期。其长子卫常生后夭折。

贡纳楚克作《此物》《麻烦多是处境之故》《可悲啊，同辈中何等罕有知心者》《毒唇谗言是杀人刀》等诗。嵩威丹精任协理台吉，赴京朝觐清帝。

公元 1863 年（同治二年癸亥）

尹湛纳希 27 岁。

继续写作《红云泪》，春季写到第三十回，孟秋月十七日写毕，其中有隐喻妻子萨仁宝勒日的文字。

贡纳楚克不堪迫害，离家出走。

公元 1864 年（同治三年甲子）

尹湛纳希 28 岁。

在父亲旺钦巴勒用汉文创作《一层楼》基础上，用蒙文进行翻译，并进行再创作，春风和煦时节翻译创作到第八回。秋季花谢，雁群南飞时，翻译创作到第十九回。六月，缮裱家中旧藏《八卦》书，留有文字。约在冬季，抄儒家经典《中庸》。

嵩威丹精在协理台吉任。贡纳楚克出走在外。

公元 1865 年（同治四年乙丑）

尹湛纳希 29 岁。

专心于著述活动。正月十一日，抄毕《中庸》，撰写《附记》。出伏天，《一层楼》已翻译创作至第二十八回，或在夏秋之交撰毕。

贡纳楚克回到诚信府，读《一层楼》手稿，抄录《一层楼·闲诗》及《一层楼·明序·歌》，抄录《蒙古律例》，作论诗歌的短文。忠信府围绕《一层楼》引发家族内的暴风骤雨，尹湛纳希被贡纳楚克庇护。尹湛纳希次子齐玛珂喇生。

公元 1866 年（同治五年丙寅）

尹湛纳希 30 岁。

正月，尹湛纳希与贡纳楚克先后生病。尹湛纳希病未愈，贡纳楚克去世。

去世前，贡纳楚克曾对尹湛纳希谈起向诚信府管事桑堆复仇事。二月十六日，尹湛纳希著长诗痛悼贡纳楚克去世。又作短文记载贡纳楚克 3 岁时过继给诚信府所遭迫害之事。为撰写六十九回《青史演义》做准备。

公元 1867 年（同治六年丁卯）

尹湛纳希 31 岁。

撰写开鲁本《青史演义》。于春夏之交始动笔，"七夕"时写完第三回。年内共写出十余回，且随小说随作回末批语。嵩威丹精在协理台吉任，卷入旗员与"八枝箭"的纠纷。热河都统麒庆参奏嵩威丹精，忠信府陷入又一次衰落。

公元 1868 年（同治七年戊辰）

尹湛纳希 32 岁。

继续撰写《青史演义》。春天写至第十八回，为"天降甘露"情节请教于好友绍古。"七夕"写至第二十三回，或于是年秋写至第二十四回。尹湛纳希得三子玛哈巴斯尔。嵩威丹精在协理台吉任。

公元 1869 年（同治八年己巳）

尹湛纳希 33 岁。

4 月 25 日（农历三月十四日），尹湛纳希妻子萨仁宝勒日去世，年仅 27 岁。尹湛纳希继续创作《青史演义》。夏某日，写到第二十七回。夏秋之交，写完第二十九回。教贡纳楚克之女哈斯托亚诵诗习字。"七夕"早晨，写完第三十回，向母亲请安。嵩威丹精在协理台吉任。

公元 1870 年（同治九年庚午）

尹湛纳希 34 岁。

在五兄故去、幼子夭折、妻子萨仁宝勒日去世的种种逆境中，尹湛纳希坚持创作《青史演义》。春夏之交，写到第三十二回。从三十一回起，作者不再写回后批语，或准备写《纲要》。夏秋之交写完第三十四回，向人询问成陵八白宫之祭奠，传来防回军的信符（回军曾于同治七年焚成吉思汗陵。这是伤害蒙古民族感情的事）。秋初月，写完第三十八回，又传来回军军情。8 月 24 日（农历七月三十日），写完第三十九回。暴雨导致大凌河泛滥，守护母亲身边。六兄嵩威丹精被革协理台吉之职，忠信府家道衰落。嵩威丹精投入《通鉴纲目》的翻译，协助创作《青史演义》。

公元 1871 年（同治十年辛未）

尹湛纳希 35 岁。

于正月开始撰写《青史演义要目》。《要目》在谈及《青史演义》创作动因的同时，还谈到清廷蒙古政策、儒释关系、民族关系和对蒙古民族的认识等，是阐述哲学、社会学思想，特别是近代民族启蒙思想的重要文献。4 月，尹湛纳希为五兄复仇而打伤挑拨是非的诚信府管家桑堆，并撰写怀念贡纳楚克的文章。中秋前期，《青史演义》写至第四十七回时。其母大病，忠信府阖府惊慌。

公元 1872 年（同治十一年壬申）

尹湛纳希 36 岁。

或中断《青史演义》创作，或曾寄诗旺都特那木济勒。

六兄嵩威丹精继续翻译《通鉴纲目》。旺都特那木济勒作《答润亭索诗》《怀朝邑润亭》等诗。

公元 1873 年（同治十二年癸酉）

尹湛纳希 37 岁。

整裱新家谱。与旺都特那木济勒饮酒吟诗于同兴楼。

公元 1874 年（同治十三年甲戌）

尹湛纳希 38 岁。

旺都特那木济勒两次写《寄润亭》诗赠尹湛纳希。尹湛纳希这一年曾赴京城，并写诗或信札寄旺都特那木济勒。

公元 1875 年（清德宗光绪元年乙亥）

尹湛纳希 39 岁。

6 月 22 日（农历五月十九日），尹湛纳希母亲满优什姝去世，享年 74 岁。

公元 1876 年（光绪二年丙子）

尹湛纳希 40 岁。

春夏之交，尹湛纳希开始撰写《泣红亭》，秋季来临时已经写到第七回。入冬后写到第十三回。是年闰五，作者于次年将"闰五月"写入《泣红亭》小说中。

公元 1877 年（光绪三年丁丑）

尹湛纳希 41 岁。

继续创作《泣红亭》。春节前后写至第十五回，有描写家中春节景象的诗留于回前。二月写至第十七回，清明写至第十九回，或于夏季前写完全书。

公元 1878 年（光绪四年戊寅）

尹湛纳希 42 岁。

赛音扎布抄本《泣红亭》，于是年五月至十月共抄录九册十八回。此抄本是《泣红亭》现存的最早版本。

公元 1879 年（光绪五年己卯）

尹湛纳希 43 岁。

正月，赛音扎布本《泣红亭》抄毕。

公元 1880 年（光绪六年庚辰）

尹湛纳希 44 岁。

年仅 3 岁的棍布扎布袭土默特右旗札萨克固山贝子。

公元 1881 年（光绪七年辛巳）

尹湛纳希 45 岁。

其 17 岁的次子齐玛珂喇被引见补任协理台吉。尹湛纳希父子同赴北京。尹湛纳希写诗感戴成吉思汗恩德。

公元 1882 年（光绪八年壬午）

尹湛纳希 46 岁。
其六兄嵩威丹精 49 岁，其次子齐玛珂喇 18 岁。

公元 1883 年（光绪九年癸未）

尹湛纳希 47 岁。
或于本年开始补撰六十九回开鲁本《青史演义》。

公元 1884 年（光绪十年甲申）

尹湛纳希 48 岁。

继续撰写《青史演义》。在第五十九回的回内插话中谈到这一年爆发的中法战争。

公元 1885 年（光绪十一年乙酉）

尹湛纳希 49 岁。

继续撰写《青史演义》。或于此年前后得庶子某。

公元 1886 年（光绪十二年丙戌）

尹湛纳希 50 岁。

撰写开鲁本《青史演义》至六十九回。撰写杂文《石枕的批评》。

公元 1887 年（光绪十三年丁亥）

尹湛纳希 51 岁。

其六兄嵩威丹精 54 岁，其次子齐玛珂喇 23 岁。

公元 1888 年（光绪十四年戊子）

尹湛纳希 52 岁。

或于本年开始撰写异文本《青史演义》，全称为《大元盛世青史演义》。此前开鲁本《青史演义》为六十九回。

公元 1889 年（光绪十五年己丑）

尹湛纳希 53 岁。

为家藏抄本《八卦》补写说明。继续撰写异文本《青史演义》。

公元 1890 年（光绪十六年庚寅）

尹湛纳希 54 岁。

继续撰写异文本《青史演义》。始作《尹湛纳希晚年札记》。或作题解《一层楼》《泣红亭》《红云泪》诗。购得《龙文鞭影》，著文志之。

公元 1891 年（光绪十七年辛卯）

尹湛纳希 55 岁。

继续撰写异文本《青史演义》，并撰写《勿忘祖先》《村野老翁志》等短文。10 月，忠信府在"金丹道"事件中被焚。嵩威丹精与尹湛纳希举家被迫逃往锦州。

公元 1892 年（光绪十七年辛卯）

尹湛纳希 56 岁。

其六兄嵩威丹精 59 岁，其次子齐玛珂喇 28 岁。

2 月 25 日（农历正月二十七），尹湛纳希病逝于锦州药王庙。

（参照扎拉嘎《尹湛纳希年谱》整理）

后　记

尹湛纳希是蒙古族近代著名文学家、史学家和思想家，对蒙古族的文化发展有卓越的贡献，在中国文学史上也占有一定的地位。他的《大元盛世青史演义》《一层楼》《泣红亭》《红云泪》等名著，具有强烈的反帝、反封建的思想和高度的艺术性。他的长篇小说《一层楼》《泣红亭》被誉为"蒙古族的《红楼梦》"。这些著作先后被译为汉、日、俄等多种文字，在国内外出版，赢得了众多的读者。

尹湛纳希1837年5月20日出生于当时内蒙古卓索图盟土默特右旗忠信府村（今辽宁省北票市下府乡）的一个诗书世家里，他的父亲和几位哥哥都是诗人、作家。

尹湛纳希虽然出生于清末蒙古族贵族家庭，却有着强烈的反帝、反封建的思想，对广大的贫苦农民富于同情心。他的作品对他的贵族家庭是个背叛，对腐朽的封建主义也做了形象的批判，至今仍有着深刻的认识价值和教育意义。正因为如此，尹湛纳希的作品在当时受到了禁锢，尹湛纳希在生活中也遭到了许多不幸。因此，尹湛纳希这位杰出的作家在当时并不为更多的人所了解。

中华人民共和国成立后，尹湛纳希的作品相继出版。随着时间的推移，尹湛纳希著作的重要价值及其在文学史上的地位为越来越多的人所认识，国内外研究尹湛纳希的领域也在不断拓展。这是令人欣慰的。

我和赖丙文同志都出生于尹湛纳希的故乡——辽宁省北票市，都为自己的故乡出现尹湛纳希这样杰出的作家而感到自豪，也曾为尹湛纳希作品优美的文笔和委婉的情节以及深邃的思想所吸引，也曾为尹湛纳希研究专家额尔敦陶克陶与曹都毕力格等老一辈学者，从1956年开始先后几次冒着被批判、被迫害的风险，克服重重困难，跋山涉水，千里迢迢来尹湛纳希的故乡访问，抢救了大批尹湛纳希的书稿和遗物的事迹以及表现出来的不畏艰险、孜孜以求的精神所感动。并由衷地感到，作为尹湛纳希的故乡人，我们有责任写出尹湛纳希的传记，把尹湛纳希的生活经历和他走过的创作道路以及他的喜怒哀乐介绍给热心研究尹湛纳希的人们和广大读者，使更多的人了解尹湛纳希这位伟大的作家，使尹湛纳希的不朽名著在我国文学的画廊中放射出更加夺目的光彩。

在此书的写作过程中，除反复阅读尹湛纳希的小说、诗歌外，还访问了尹湛纳希故乡的一些长者，考察了尹湛纳希故居遗址和他生活过的一些地方。在执笔写作过程中，参阅了《尹湛纳希故乡访问记》《尹湛纳希纪念论文集》等资料，并采用了《尹湛纳希纪念画册》中的几幅照片，在此说明并表示感谢，书中就不一一注明了。

本书承蒙著名蒙古族作家玛拉沁夫同志撰写序言，并题写扉页书名。在此书的写作过程中，下府乡退休教师宝昶同志提供了许多资料，朝阳日报社记者胡希久同志、北票市委宣传部长赵卫星同志、北票市文化局局长李书才同志、尹湛纳希纪念馆馆长马瑞宪同志给予了热情支持和帮助，在此一并表示诚挚的谢意！

由于笔者水平有限，此书也是学步之作，错漏及不妥之处定然不少，唯愿能起到抛砖引玉的作用。

刘文艳
1987 年 8 月 1 日于沈阳

再版说明

自 1988 年《尹湛纳希传》问世出版至今已经近 30 个年头了。那个时候，我们对尹湛纳希其人、其事、其作品，尤其是对尹湛纳希作品的思想性及其历史意义也是初步了解和认识。在尹湛纳希的故事中感受传奇，在尹湛纳希的鸿篇巨制中体会敬仰和崇拜，我们为自己的家乡故土出现这样一位伟大文学家而自豪和为之骄傲，一种历史的责任感和使命感让我们产生了把我们的所知、所闻、所悟的尹湛纳希传播出去的创作欲望。这是一件无愧于先人、无愧于社会、无愧于自己的事业。《尹湛纳希传》的出版，填补了尹湛纳希生活经历、感情经历、家庭变故的空白，《尹湛纳希传》已经成为研究尹湛纳希的重要依据。

30 年时间，我们对尹湛纳希的研究没有停步，在尹湛纳希研究的道路上不断考证，不间断地参与和探索，尹湛纳希生平和作品的研究领域在扩大，研究的课题更呈多样性。尹湛纳希是蒙汉文化交流的先驱，是蒙古族长篇历史小说的开创者，蒙古族现实主义文学创作之鼻祖，蒙古族文化圣人的地位已经被世人所认可。

更为可喜的是，《尹湛纳希全集》蒙汉文版首次出版发行。尹湛纳希纪念馆几易其址，展品在逐渐完善和丰富。尹湛纳希故居的修复工作正在进行，关于尹湛纳希的话剧已经搬上荧幕，以尹湛纳希及其父兄墓碑、尹湛纳希赋和尹湛纳希碑林为主题的"纪念园"已经对外开放。尹湛纳希故事会、诗歌比赛以及各种讲座活动不断举办，尹湛纳希的国内外研讨活动频繁举行。

尹湛纳希的故居，昔日的忠信府庄园，因修建水库而动迁，忠信府曾经的浩大庄园已经淹没在波光粼粼的天鹅湖内，尹湛纳希青少年时期的最多去处——惠宁寺也已改迁新址，但惠宁寺的砖石犹存，由哈贝子主持修建的四方殿、大雄宝殿等古建筑犹存。尤其在人们心中抹不掉的是尹湛纳希那些脍炙人口的故事和传说。忠信府故居以及惠宁寺有机融合的旅游景点，让参观游览的人们感受到大自然之美。

今年正值尹湛纳希诞辰 180 周年，很多尹湛纳希研究学者提议再版《尹湛纳希传》。我们在尊重本书第一次印刷的基础上又进行了部分调整，同时把近些年对尹湛纳希研究的新成果、新感悟，发现的新佐证以及我们对尹湛纳希研究的成果进行了丰富和充实。对一些提法提出了修改和补充，如关于旺钦巴勒在《青史演义》和《一层楼》创作中的作用及影响、关于"漠南五宝"创作群体的成就等。

在《尹湛纳希传》再版过程中，辽宁省人民政府原副省长林声为本书题写了书名，辽宁省民委、朝阳市民委、朝阳市文化局、朝阳市文联、北票市政府都给予了大力支持。魏德广、韩宏祥、白云巍、金玉等人都提出了很好的建议，并给予大力支持。辽宁大学出版社有限责任公司和朝阳铁路印务有限公司为本书的再版做了大量工作，在此表示衷心的感谢。

刘文艳　赖炳文
2017 年 8 月